영어의 세계

영어의 세계

짧게 보는 영어의 과거, 현재, 미래

사이먼 호로빈

홍민표 옮김

까치

옮긴이 홍민표(洪珉杓)
서강대학교 영어영문학과에서 학사와 석사 학위를 받은 뒤 미국 텍사스 주립 대학교에서 언어학과 박사 학위를 취득했다. 육군사관학교 영어과 교관과 텍사스 주립 대학교 언어학과 강사를 거쳐 현재는 명지대학교 인문대학의 영어영문학과 교수로 재직하고 있다.

편집, 교정_김미현(金美炫)

영어의 세계 : 짧게 보는 영어의 과거, 현재, 미래
저자 / 사이먼 호로빈
역자 / 홍민표
발행처 / 까치글방
발행인 / 박후영
주소 / 서울시 용산구 서빙고로 67, 파크타워 103동 1003호
전화 / 02 · 735 · 8998, 736 · 7768
팩시밀리 / 02 · 723 · 4591
홈페이지 / www.kachibooks.co.kr
전자우편 / kachibooks@gmail.com
등록번호 / 1-528
등록일 / 1977. 8. 5
초판 1쇄 발행일 / 2022. 8. 25

값 / 뒤표지에 쓰여 있음
ISBN 978-89-7291-777-9 93740

제니퍼, 루시, 레이철, 그리고 플로렌스에게 이 책을 바칩니다.

차례

|일러두기|

본문에 있는 주는 모두 옮긴이의 주이다.

감사의 말

이 책을 의뢰해준 앤드리아 키건 및 이전 원고에 날카로운 평을 해주신 익명의 심사자들에게 심심한 감사의 마음을 표한다. 모든 집필 과정에서 매우 도움이 되는 지도를 해준 제니 누지에게도 감사드린다. 또한 MS lat. 105를 재사용할 수 있도록 허락해준 옥스퍼드 대학교 모들린 칼리지의 총장 및 펠로들에게도 감사드리고, 크리스틴 퍼디낸드와 제임스 피시윅에게도 고마운 마음을 전한다. 이 책은 무수한 친구 및 동료들의 통찰력과 조언 덕분에 많은 도움을 받았다. 특히 이 책 원고 전체를 읽고 유익한 제안을 많이 해준 데버라 캐머런에게, 그리고 린다 머글스톤, 샬럿 브루어, 제러미 스미스, 데이비드 크리스털, 팀 머천, 세스 레러에게 감사의 말을 전하고 싶다. 또한 내 학생들에게도 고마움을 표하고 싶다. 루시 다이버, 로지 더킨, 존 핍스, 몰리 장즈, 앨리스 리처드슨, 뤽 로젠버그, 잭 솔러웨이, 앨리스 시어벌드, 그리고 앨리스 트로이-도너번은 이 책에서 제안한 문제들을 둘러싸고 생산적인 논의를 해주었다. 이 책의 견해와 혹시 남아 있을지도 모르는 부정확한 내용은 순전히 나 혼자만의 책임임을 밝힌다.

제1장

영어란 무엇인가?

What
is
English?

English. 형용사.
영국에 속하는; 따라서 영어는 영국의 언어이다.
— 새뮤얼 존슨, 『영어 사전*Dictionary of the English Language*』1755

새뮤얼 존슨은 영어를 영국의 언어라고 직접적으로 정의했지만, 이 정의는 21세기에 사용되는 영어의 다양성과 복잡성을 제대로 포착하지 못하는 듯하다. 오늘날 영어는 전 세계적으로 약 4억5,000만 명이 사용하는 언어이기 때문이다. 그러나 수많은 영어 화자들의 다양한 발음, 철자, 문법 및 어휘를 보면, 과연 이 모든 사람들을 통틀어 영어 화자라고 여겨도 되는지 의문이 든다. 영어를 제2언어로 사용하는 사람들의 수도 10억에서 15억 명에 이르는데, 이에 따라서 언어적 차이도 점차 심화되고 있다. 그러나 과연 이 모든 사람들이 동일한 언어를 말하고 있을까, 아니면 머지않아 새로운 영어들의 출현을 목도하게 될까? 전 세계에서 영어를 모국어로 사용하는 사람들의 절반 이상이 미국에 산다는 점을 상기하면, 힘의 균형이 옮겨간 지금 "영어"를 사용한다는 말이 표준 영국 영어보다는 일반 미국 영어를 사용한다는 말을 뜻하지는 않는지 의문이 들기도 한다. 새뮤얼 존슨 박사가 자신 있게 주장한 바와 달리 영어는 더 이상 "영국의" 언어가 아니라 미국의 언어일까? 아니면 영어를 사용하고 싶어하는 모든 사람들의 언어일까?

영어는 1,500년 동안 사용되면서 변화해왔다. 오늘날의 영어는 앵글로색슨족이 사용하던 시절과는 사뭇 다르기 때문에 현대 영어 화자들은 당시의 영어를 거의 알아듣지도 못할 것이다. 오늘날 우리는 그 언어를 고대 영어Old English라고 부르지만, 어쩌면 완전히 다른 언어로 생각해야 할지도 모른다. 현대 이탈리아어는 로마인들이 사용하던 라틴어에서 비롯되었지만 서로 다른 언어라고 간주된다. 그렇다면 고대 영어와 현대 영어도 마찬가지가 아닐까?

아래에 『신약성경』 본문누가복음 제15장 11–16절에 대한 다섯 가지 번역문을 소개한다. 이들은 서로 매우 다르지만 각각 영어의 한 종류를 대표한다고 할 만하다. 하지만 이들을 모두 영어의 일종이라고 봐야 할지, 혹은 각각이 독립된 언어라고 봐야 할지는 문제이다. 또한 그런 구분을 시도할 때 어떤 기준을 적용해야 하는지도 확실하지 않다.

고대 영어

He cwæð: soðlice sum man hæfde twegen suna. þa cwæð se yldra to his fæder; Fæder, syle me minne dæl minre æhte þe me to gebyreð: þa dælde he him his æhte; þa æfter feawa dagum ealle his þing gegaderude se gingra sunu: and ferde wræclice on feorlen rice. and forspilde þar his æhta lybbende on his gælsan; þa he hig hæfde ealle amyrrede þa wearð mycel hunger on þam rice and he wearð wædla; þa ferde he and folgude anum burhsittendan men þæs rices ða sende he hine to his tune þæt he heolde his swyn; þa gewilnode he his wambe gefyllan of þam biencoddun þe ða swyn æton. and him man ne sealde.

위 발췌문에 사용된 언어가 현대 영어와 얼마나 다른지 감안하면, 이것이 도대체 어떻게 영어의 한 종류로 여겨질 수 있을지 의문을 느낄지도 모르겠다. 위 발췌문은 성경을 고대 영어로 번역한 것으로, 여기에서 고대 영어란 기원후 5세기경 게르만족이 영국을 침략해서 정착한 이후 1066년 노르만 정복 사건이 일어나기까지 영국에서 사용하던 언어를 가리키는 학술 용어이다. 고대 영어의 어휘는 현대 영어의 어휘와 일견 무관해 보이는데, 이는 부분적으로 철자 체계가 다르다는 데에서 기인한다. 가령 손thorn이라고 부르던 철자 Þ, 애시ash라고 부르던 æ, 에드eth라고 부르던 ð 등은 지금은 사용하지 않는 글자들이다. 자세히 살펴보면 낯익은 단어들도 종종 눈에 띄는데, 가령 sunu, fæder, tune은 각각 현대 영어 son, father, town의 조상 언어들이다. 알아보기 힘든 다른 단어들 역시 분명히 현대 영어의 여러 단어들의 뿌리를 이루고 있다. mycel과 "much", twegen과 "two", dæl과 "dole" 등이 여기에 해당된다. 이는 모두 영어 단어들이지만,

철자와 발음이 크게 변해서 우리가 곧바로 영어 단어라고 인식하지 못하는 것들이다.

변한 것은 철자와 발음뿐만이 아니다. 다른 경우를 살펴보자. sylle은 현대 영어 sell의 기원이 되는 단어인데, 위 발췌문에서는 "주다give"를 뜻한다. 마찬가지로 wambe는 현대 영어 womb에 해당하지만 여기에서의 의미는 "위장stomach"이다. 반면 위 발췌문 속의 어휘적 단어lexical words 또는 내용어content words를 제외한 문법적 요소들, 즉 전치사, 대명사, 접속사는 현대 영어의 해당 표현들과 동일하다. 가령 he, him, his, me, and, to 등은 현대 영어와 같다. 그러나 이렇게 분명한 대응 관계가 있음에도 이 고대 영어 발췌문은 현대 영어와 크게 다르다. 따라서 현대 영어 화자들은 특별히 공부를 하지 않고는 이 글을 이해할 수 없다.

초기 현대 영어

And hee said, A certaine man had two sonnes: And the yonger of them said to his father, Father, giue me the portion of goods that falleth to me. And he diuided vnto them his liuing. And not many dayes after, the yonger sonne gathered al together, and tooke his iourney into a farre countrey, and there wasted his substance with riotous liuing. And when he had spent all, there arose a mighty famine in that land, and he beganne to be in want. And he went and ioyned himselfe to a citizen of that countrey, and he sent him into his fields to feed swine. And he would faine haue filled his belly with the huskes that the swine did eate: & no man gaue vnto him.

두 번째 예문은 1611년에 간행된 권위역the Authorized 또는 킹제임스King James 성경에서 발췌한 것으로, 현대 영어와 훨씬 가까워 보인다. 400년 전에 쓰였다는 사실을 감안할 때, 요즘 영어 화자들은 놀랍게도 매우 쉽게 이 글을 이해할 수 있을 것이다. 물론 일부 어휘는 약간 구식이고, 대부분의 단어들이 의미하는 바는 조금씩 다르다. 그러나 이 단어들은 여전히 쓰이고 있다. liuing, substance, swine, faine, vnto와 같은 단어들 때문에 글 전체가 고어체스럽고 딱딱하다는 느낌이 있지만, 뜻을 이해하는 데에는 큰 장애물이 되지 않는다. 반면 belly와 같은 단어는 다소 결이 맞지 않는 느낌을 주는데, 이 예문처럼 진지한 맥락에서 사용하기에는 너무 구어체이기 때문일 것이다.

단어 맨 뒤에 무작위로 흩뿌려놓은 듯한 철자 e는 구식 영어 같은 느낌을 더한다. 이외에도 "u"와 "v"를 혼용해서 쓴 점(gaue와 vnto를 비교해보라), 현대 영어에서는 "j"를 쓰는 곳에 "i"를 쓴 점(예를 들면 iourney) 등이 현대 영어와 철자가 다른데, 이는 현대 영어에서 i/j와 u/v를 구분해서 사용하는 것이 18세기에야 확립되었기 때문이다. 문법적 차이는 현대 영어의 ate 대신 did eat을 쓴다는 점 정도로 미미하다. 위 발췌문은 통사 구조에서도 현대 영어 번역본과 약간의 차이를 보이는데, 그 예로는 병렬 문장 구조paratactic sentence structure를 선호한다는 점을 들 수 있다. 즉, 새 문장을 시작할 때마다 접속사 and로 시작하는 것이다. 이는 현대의 글쓰기 지도서에서는 서툴고 유치하다며 가능하면 피하라고 가르치는 문장 구조이다.

스코트어

This, tae, he said tae them: 'There wis aince a man hed twa sons; an ae day the yung son said til him, "Faither, gie me the faa-share o your haudin at I hae a richt til". Sae the faither haufed his haudin atweesh his twa sons. No lang efterhin the yung son niffert the haill o his portion for siller, an fuir awa furth til a faur-aff kintra, whaur he sperfelt his siller livin the life o a weirdless waister. Efter he hed gane throu the haill o it, a fell faimin brak out i yon laund, an he faund himsel in unco mister. Sae he gaed an hired wi an indwaller i that kintra, an the man gied him the wark o tentin his swine outbye i the fields. Gledlie wad he panged his wame wi the huils at they maitit the swine wi, but naebodie gied him a haet'.

세 번째 예문은 영어의 한 종류인지 한눈에 알아보기가 훨씬 어렵다. 사실 이것은 현대 스코트어로서, 1983년에 발간된 윌리엄 로리머의 번역본이다. 여기에서는 고대 영어 번역본과 마찬가지로 대부분의 기본 어휘들, 예를 들면 this, he, said, them, there, man, your, and, the 등과 같은 문법 요소들이나 보통 명사들은 현대 영어와 동일하다는 사실을 알 수 있다. 다른 단어들도 철자의 차이를 감안하면 현대 영어의 해당 어휘들과 분명히 관련되어 있는데, 가령 richt는 right, faither는 father, gie는 give, twa는 two, aince는 once를 가리킨다. 이 가운데 일부는 지금과 다른 철자 관행의 결과이며, 일부는 지금과 달랐던 발음의 결과이다.

그러나 이것을 단순히 영어의 한 사투리라고 볼 수는 없다. 단순히 철자나 발음의 변화라기에는 설명할 수 없는 점들이 많기 때문이다. 가령 일부 단어들은 단어를 보자마자 떠올릴 만한 영어 어휘가 없다. 스코트어가 다른 언어에서 단어들을 차용했기 때문이다. 예를 들면 exchanged를 뜻하는 niffert는 고대 노르웨이어에서 차용했고, scattered를 뜻하는 sperfelt는 고대 프랑스어에서 빌려왔으며, stuffed를 뜻하는 panged는 중세 네덜란드어에서 들여왔다. cruel을 뜻하는 fell(felon이라는 단어와 관련이 있다)은 현대 영어에도 살아 있는 단어이지만, one fell swoop 단번에, 일격에라는 말로만 쓰이기 때문에 가끔 foul이라는 말과 혼동되기도 한다.

어휘 차원 외에 문법 차원에도 차이가 있다. 가령 지시 대명사 yon의 사용은 표준 영어에서는 볼 수 없는 용법이다. 특별할 것 없어 보이는 전치사 til("to") 역시 고대 노르웨이어에서 차용한 단어인데, 이는 현대 영어와 스코트어의 역사가 달랐음을 확인해준다. 표준 영어에서는 찾아보기 어려운 til이 북부 영어 방언에서는 여전히 쓰인다는 사실에서 스코트어와 북부 영어가 역사적으로 밀접한 관계임을 알 수 있는 것이다. 스코트어와 영어 사이에 많은 공통점이 있음은 분명한 사실이지만, 스코트어는 표준 영어보다는 북부 영어 방언들과 훨씬 더 밀접한 관련을 맺고 있다. 한편 스코트어와 영어를 완전히 분리하는 다른 차이점들도 많은데, 이는 스코트어가 영어와는 별개의 언어로서 오랜 역사를 가지고 있음을 입증해준다고 할 수 있겠다.

톡 피신

Na Jisas i tok moa olsem, 'Wanpela man i gat tupela pikinini man. Na namba 2 pikinini i tokim papa olsem, "Papa, mi ting long olgeta samting yu laik tilim long mi wantaim brata bilong mi. Hap bilong mi, mi laik bai yu givim long mi nau". Orait papa i tilim olgeta samting bilong en i go long tupela. I no longtaim, na dispela namba 2 pikinini i bungim olgeta samting bilong en na i salim long ol man. Na em i kisim mani na i go i stap long wanpela longwe ples. Em i stap long dispela ples, na em i mekim ol kain kain hambak pasin, na olgeta mani bilong en i pinis. Na taim olgeta mani bilong en i pinis, taim bilong bikpela hangre i kamap long dispela ples. Na em i no gat wanpela samting. Olsem na em i go kisim wok long wanpela man bilong dispela ples. Na dispela man i salim em i go long banis pik bilong en bilong lukautim ol pik. Em i lukim ol pik i kaikai ol skin bilong bin, na em i gat bikpela laik tru long kisim sampela na pulapim bel bilong en. Tasol i no gat wanpela man i givim kaikai long em'.

네 번째 발췌문은 의심의 여지없이 영어라고 주장하기 가장 어려운 경우일 것이다. 오늘날의 영어와 비슷한 점이 거의 없어 보이기 때문이다. 이 번역본은 파푸아 뉴기니의 세 가지 공용어 중 하나인 톡 피신Tok Pisin이다. 이 예문 속의 언어는 완전히 외국어처럼 보일 수 있지만, 일부 문법적 어휘 및 핵심 단어들은 현대 영어 어휘들이다. 가령 man, yu, mi, bilong, gat, samting 등은 철자가 달라서 발음이 다를 수 있겠다는 짐작을 하게 한다. 기원을 영어에 두는지 더 이상 명확하지 않은 듯 보이는 단어들도 있는데, 이들 역시 현대 영어에서 파생되었다. 예를 들면 pela와 같은 단어는 영어 fellow에 기원을 두고 있다. 이러한 연관성은 얼핏 두 단어가 동일한 단어에서 나왔음을 입증하는 듯하지만, pela라는 단어의 역할은 톡 피신과 영어가 완전히 다른 언어임을 보여준다. 톡 피신에서 -pela는 명사 뒤에 붙어서 복수plural를 표시해주는 기능을 하는데, 이는 문법 구조 측면에서 톡 피신과 영어가 크게 다르다는 사실을 드러낸다.

지금까지 우리가 관찰한 두 언어 사이의 관련성은 톡 피신이 영어 기반 크리올English-language criole이라는 점에서 기인한다.

영어 기반 크리올이란 영어와 다른 언어 한두 가지 이상이 섞여서 단순화된 언어 형태를 가리키는 용어로서, 비원어민 화자들 사이에서 일종의 링과프랑카lingua franca, 즉 서로 다른 언어를 사용하는 화자들이 의사소통 수단으로 사용하는 언어를 뜻한다. 그렇다면 톡 피신을 비롯한 영어 기반 크리올은 또다른 영어의 한 형태일까, 아니면 그 자체로 독립된 언어일까? 어휘가 축소되고 문법이 단순화되었다는 점을 감안할 때, 크리올 또는 그보다 더 기본적인 형태라고 알려진 피진pidgin을 언어의 일종으로 생각하는 것이 타당하기나 할까? 영어를 습득하려다가 실패했음을 보여주는 매우 개별적인 증거의 하나로 여기는 편이 낫지 않을까? 이메일 받은편지함에 널려 있는 고수익을 보장한다는 사업 제안서 스팸 메일들에서 보이는 조잡한 시도들과 비슷한 맥락에서 말이다.

현대 영어

Jesus continued: 'There was a man who had two sons. The younger one said to his father, "Father, give me my share of the estate". So he divided his property between them. Not long after that, the younger son got together all he had, set off for a distant country and there squandered his wealth in wild living. After he had spent everything, there was a severe famine in that whole country, and he began to be in need. So he went and hired himself out to a citizen of that country, who sent him to his fields to feed pigs. He longed to fill his stomach with the pods that the pigs were eating, but no one gave him anything'.

마지막 예문은 논란의 여지가 없을 것 같다. 자명하게 표준 현대 영어 번역본이기 때문이다. 그러나 우리가 이것을 영어라고 부름에도 불구하고, estate, property, divided, spent, famine, country, citizen, stomach 등 여기에 사용된 많은 핵심 어휘들은 다른 언어에서 가져온 외래어들이다. 영어에는 이런 종류의 수많은 차용어들이 있고, 그중 다수는 수 세기 동안 사용되고 있기 때문에, 이런 외래어 의존 현상에 이의가 전혀 없는 듯 보일 수도 있다. 물론 영어가 고대 영어에 어원을 둔 토착어들을 선호하지 않고 외국어에서 빌려온 단어들에 의존하는 정도가 심하다는 사실은 수 세기 동안 뜨거운 논쟁거리가 되어왔다. 요즘에도 순수 영어pure English를 옹호하는 사람들은 계속해서 이의를 제기하고 있다.

보다 순수한 형태의 영어를 만들려는 시도의 계보는 16세기까지 거슬러갈 수 있다. 저명한 언어학자이자 케임브리지 대학교의 그리스어 교수였던 존 체크 경1514-1557은 굳게 마음을 먹고 영어가 "차용어와 섞여 뒤죽박죽되지 않는 순수한" 형태로 보존되어야 한다고 주장했다. 그는 토착어들만을 이용해서 「마태복음」의 번역본을 냈는데, 그 과정에서 어쩔 수 없이 lunatic

대신 mooned를, centurion 대신 hundreder를, crucified 대신에 crossed를 쓰는 등 신조어를 만들기도 했다. 이런 방침은 고대 영어의 관행 하나를 연상시키는데, 당시에 discipulus제자와 같은 라틴어 단어를 그대로 차용하기보다는 leorningcniht, 즉 "learning-follower학습추종자"와 같이 토착어 형태로 번역해서 썼기 때문이다. 물론 현대 영어는 라틴어에서 disciple을 직접 차용해서 쓰고 있다.

좀더 순수한 형태의 문학적 영어를 빚어내려는 시도는 16세기의 에드먼드 스펜서나 19세기 윌리엄 반즈의 시에서도 드러난다. 외래어를 반대하는 반즈의 주장은 주로 명료함과 이해하기 쉬워야 한다는 점에 맞춰져 있었다(그러나 그가 제시한 대안들, 가령 dilemma라는 외래어 대신에 two-horned rede-ship을 쓰라거나, proper noun고유 명사 대신에 one-head thing-name을, hypothetical proposition가설 명제 대신 fore-begged thought-putting을 사용하라고 한 것들도 불투명하기는 마찬가지였다). 그러나 이러한 언어 순수성 논쟁을 국가주의와 분리해서 볼 수는 없다. 반즈가 볼 때 외래어, 또는 그가 멸시하듯 불렀던 "프랑스화, 라틴화, 그리스화"는 "국가적 열등함의 증거"였다. 즉, 외래어의 사용은 영어가 스스로의 목적을 달성하기에는 부족하며, 다른 언어에 의존해서 약점을 보완할 수밖에 없음을 인정하는 꼴이었다.

명료함에 대한 우려는 조지 오웰의 1945년 에세이 「정치와 영어「Politics and the English Language」에서도 드러난다. 오웰은 서툰 작가들이 "라틴어나 그리스어 단어가 색슨 단어보다 더 거대하다는 생각에 젖어 있다"라고 개탄한다. 오늘날의 보통 영어 운동plain English movement 역시 현학적인 특수 어휘 대신 간단명료한 단어를 사용하자는 운동, 즉 외래어 대신 토착어를 선호하자는 주장을 이어가고 있다.

그렇다면 오늘날 영어에서 사용되는 외래어들의 위상은 어떨까? 다른 언어에서 가져온 단어의 수를 제약해야 할까? 외래어들이 영어의 순수성을 훼손해서 영어를 빈약하고 이해 불가한 말로 만들고 있을까? 아니면 영어의 다양성과 풍부성에 보탬이 되고 있을까?

앞서 인용한 성경 번역본들에 하나를 더할 수도 있는데, 바로 오스트레일리아 성경협회the Bible Society of Australia의 문자 메시지말text speech 번역본이다. 성경에 대한 젊은이들의 접근성을 높이고, 신기술을 통해서 성경의 확산을 도모하기 위해 2005년에 만들어진 이 번역본은 통상적인 SMS 문자 메시지의 약어들을 사용한다. 이 번역본은 이렇게 시작한다. "In da Bginnin God cre8d da heavens & da earth." 이런 글이 널리 퍼지면 새로운 영어의 출현을 선도할까, 혹은 이런 창의적인 재작업 또한 지나가는 유행에 불과하게 될까? 이것이 수용 가능한 소통 형식일까, 아니면 정식 영어 철자와 문법의 타락일까? 이런 식으로 문자 메시지말의 정당성을 인정함으로써 문해력의 저하를 묵과해놓

그림 1 영어의 미래?

고 미래 세대가 평생 함량 미달이라며 비난하고 있는 것은 아닐까? 아니면 혹시 이것이 디지털 미디어가 학습과 소통에서 점점 더 중심 역할을 하게 되면서 미래에 우리 모두가 쓰게 될 영어는 아닐까(그림1)?

앞에서 살펴본 번역본들은 모두 영어의 위상과 그 언어적 조상 및 후손들에 다양한 질문들을 제기한다. 이 질문들에 답하기 위해서 이후의 논의는 영어가 어디에서 비롯되었으며 어떻게 오늘날 전 세계에서 사용되는 언어로 발전했는지 돌아볼 것이다. 또한 힘의 균형이 사전이나 작문 지침서, 영국 상류층 등의 전통적인 권위에서 옮겨가면서 표준 영국 영어Standard British English의 미래가 어떻게 될지를 살펴볼 것이다. 표준 영국 영어는 과연 전 세계에서 인정받고 귀한 대접을 받는 특권층 언어로서의 위상을 유지할까, 아니면 다른 지역의 표준어로부터 그 지위를 위협받게 될까? 국제 비즈니스 임원실이나 유럽 의회European Parliament 복도에서 생겨난 유로 영어Euro English 등의 타협 변이어의 등장처럼 미래에는 더 많은 피진화pidginization가 일어날까? 미국 영어가 지배력을 키워가면서 영국 영어를 대체할까, 혹은 두 언어가 독립적으로 발전해서 조지 버나드 쇼가 농담처럼 했던 말(영국과 미국이 "공통 언어 때문에 분리되고 있다")이 그가 상상했던 것보다 더한 현실이 될까?

제2장

영어의 기원

Origins

영어는 어디에서 왔을까? 현대 영어와 현대 프랑스어 사이에는 서로 대응하는 단어들이 많은데, 가령 money, fruit, chamber, table 등 일상적인 단어들을 보면 두 언어가 밀접하게 연관된 것처럼 보인다. 이런 맥락에서는 영어도 프랑스어처럼 라틴어에서 내려온 로망스어의 일종이라고 추정하고는 한다. 이러한 가정은 영어 단어 가운데 라틴어에 기원을 둔 단어들이 많다는 점에서 더욱 힘을 얻는다. 예를 들면 village, picture, figure와 같은 일상적인 단어들은 모두 라틴어에서 유래했다. 하지만 이러한 유사성은 개별 단어들에 국한될 뿐 문법 구조와 연관된 것은 아니다. 따라서 한 언어의 기원을 추적하는 차원에서는 중요성이 덜하다.

물론 각각의 언어가 초창기에 사용하던 토착어를 많이 물려받는 것은 사실이지만, 다른 무관한 언어들로부터 단어를 빌려 쓰는 일 또한 흔하기는 마찬가지이다. 현대 영어에도 다른 언어들에서 온 단어들이 많은데, tea(중국어), curry(타밀어), sugar(아랍어) 등이 그 예이다. 하지만 이 단어들은 계통론적 유산genetic inheritance이라기보다는 이후에 이루어진 무역을 통한 접촉의 결과이다. 물론 그런 단어들도 계통적 연관성을 보여주는 것 같기는 하지만, 그런 대응 현상이 진정한 연관 관계를 보여주는지 알기 위해서는 그 언어의 초창기 형태를 들여다보아야 한다.

시작

최초의 기록된 형태의 영어는 고대 영어라고 알려져 있다. 고대 영어는 로마 군대가 영국에서 철수하면서 5세기에 유럽 대륙에서 영국 땅으로 들어온 여타 게르만 부족들과 앵글로색슨족이 사용하던 언어였다. 이 시기에 영국 섬에 정착한 다양한 게르만 부족들은 각각 기원이 달랐지만, 결국 자신들을 단일 민족이라고 생각하고 앵글족Angles이라는 명칭을 채택했다. English라는 단어는 바로 그 부족 이름에서 따온 말이다.

이 부족들이 사용하던 게르만어 방언들은 하나의 공통된 조상 언어로부터 파생되었는데, 언어학자들은 이를 기원전 200년경까지 거슬러 올라가는 "원시 게르만어Proto-Germanic"라고 부른다. 문맹이었던 원시 게르만어 화자들은 기록 문서를 남기지 않았기 때문에, 초창기 단계의 게르만어를 알기 위해서는 전적으로 "가설적 재구성hypothetical reconstruction" 방식, 즉 관련 있는 주변 언어들에서 확증된 형태들을 비교함으로써 타당한 조상 언어 형태를 확립하는 방식에 의존할 수밖에 없다. 원시 게르만어는 인도유럽어Indo-European라고 알려진 더 광범위한 언어의 일부인데, 인도유럽어는 오늘날 일부 아시아 지역 및 대부분의 현대 유럽 언어들의 조상 언어이다. 이 다양한 언어 집단들 사이의 관계는 계보학자들 또는 진화생물학자들 사이에서도 사용되는 가계도 모형family-tree model을 이용해서 도식화해볼 수 있다(그림 2).

인도유럽어들의 최초 기록에는 공통적인 핵심 단어들이 있다. 철자나 발음에 차이는 있지만, 이 단어들은 각 언어들이 하나의 공통된 조상에서 유래했음을 보여준다. 가령 대부분의 인도유럽어들은 mother, brother, sister 등 현대 영어의 친족어들과 동등한 어휘들을 가지고 있다. 이를 통해서 우리는 해당 언어의 가장 오래된 형태를 알 수 있다.

인도유럽어족Indo-European language family의 일원이었던 게르만어족의 언어들은 자음에서 일련의 변화를 겪었는데, 이는 인도유럽어족 내의 다른 언어들과 게르만어를 구별해주는 역할을 한다. 최초로 그것을 체계적으로 기술한 독일의 민속학자 야코프 그림의 이름을 따라 그림의 법칙Grimm's Law이라고 불리는 이 발음 변화 법칙은 왜 게르만어족 언어들은 다른 인도유럽 언어들에서 p로 발음하는 것을 f로 발음하는지 설명해준다. 영어 단어 father와 독일어 Vater(독일어에서는 v를 [f]로 발음한다), 노르웨이어 far를 라틴어 pater, 프랑스어 père, 이탈리아어 padre, 산스크리트어 pita와 비교해보라. 게르만어족은 인도유럽어족

그림 2 인도유럽어족 계통도

에서 분리된 후에 다시 세 부류로 갈라졌다. 서게르만어(영어, 독일어, 네덜란드어, 프리지아어)*와 동게르만어(고딕어, 고트족의 언어로 4세기 흑해 지역에서 쓰였으나 현재는 사용되지 않는다), 북게르만어(노르웨이어, 덴마크어, 스웨덴어, 아이슬란드어)였다.

다시 영어의 기원에 대한 우리의 첫 질문으로 돌아가보자. 멀리 라틴어 및 프랑스어와 관련이 있기는 하지만, 영어의 중심은 게르만어이다. 즉, 영어와 가장 가까운 현대의 언어적 친척은 네덜란드어, 독일어, 프리지아어이다. 이 사실은 최초의 고대 영어 기록들을 살펴보면 특히 명확해진다. 거기에는 라틴어에 기원을 둔 단어가 몇 개 없고, 프랑스어에서 유래한 단어는 거의 하나도 없다. 고대 영어 단어 또는 "어휘부lexicon" 또한 게르만어의 특징으로 여겨지는 단어 형성 방식에 맞는 단어들로 구성되어 있다. 이미 있는 두 단어를 결합해서 만드는 복합어 방식이 바로 그 예인데, 현대 영어 daisy에 해당하는 dægesege는 문자 그대로 day's와 eye를, 현대 영어 holiday에 해당하는 haligdæg는 holy와 day를 합친 경우이다. 게르만어의 또다른 특징인 접사 형성affixation 방식, 즉 접두사 또는 접미사를 붙여서 만든 단어들도 눈에 띈다. 가령 고대 영어 단어 unbrad는 "narrow좁다"라는 뜻인데, 형용사 brad("broad넓다")에 부정의 접두사 "un-"을

---

* 프리지아어는 현대 네덜란드 및 인접한 독일 지역에서 사용된다.

추가해서 만들어졌다. 문자 그대로 보면 "unbroad넓지 않다"라는 말이다. 고대 영어의 흔한 단어 형성 방식으로는 단어를 한 품사에서 다른 품사로 바꾸어 쓰는 전환conversion도 있다. 한 예로 dawn하루가 밝아오다을 뜻하는 동사 dagian은 day라는 뜻의 명사 dæg에서 왔다.

다른 언어들과 접촉하면서 어휘의 특성이 크게 바뀌기는 했지만, 오늘날 영어의 핵심은 여전히 게르만어이다. father, mother, brother, son현대 독일어에서는 Vater, Mutter, Bruder, Sohn 등 가족 관계를 묘사하는 단어들은 고대 영어에서 내려온 토착어들이고, 이와 비슷하게 foot, finger, shoulder독일어에서는 Fuß, Finger, Schulter 등 신체의 일부를 나타내는 용어들이나 one, two, three, four, five독일어는 eins, zwei, drei, vier, fünf 등의 수사, and, for, I독일어는 und, für, Ich 등의 문법적 단어들도 마찬가지이다.

어휘의 기원만이 영어의 역사에 대한 유일한 단서는 아니다. 영어가 게르만어에서 출발했다는 사실은 과거시제를 형성하는 방식 등의 문법 구조에서 명확하게 드러난다. 현대 영어에는 과거시제를 만드는 방법이 두 가지 있다. ride-rode처럼 어간모음stem vowel을 바꾸는 방식("강"변화동사)과 walk-walked처럼 접미사를 추가하는 방식("약"변화동사)이 그것이다. 두 가지 방식 중 더 오래된 것은 강변화동사인데, 어간모음을 바꾸면서 동사의 다른 형태를 만드는 강변화동사의 방법은 원시 인도유럽어까지 거슬러 올라간다. 반면 약변화동사는 나중에 생긴 형태로,

어근에 동사 do의 일부를 덧붙이면서 만들어졌으리라 짐작된다. 약변화동사가 발견되는 사례는 게르만어들뿐인데, 영어 do에 해당하는 현대독일어 mach("do")-machte("did")를 보면 알 수 있다. 현재 영어의 지배적 유형은 약변화동사이므로 신조어들은 자동적으로 이 방식을 따라서 과거시제를 형성한다. 예를 들면 to Google의 과거시제는 Googled가 된다. 심지어 jive와 같은 동사는 깔끔하게 ride-rode 유형을 따라갈 수도 있음에도, jove가 아니라 jived로 과거형을 만든다.

영어와 게르만어족은 이러한 문법적 특성으로 연결되어 있지만, 영어에는 없는 게르만어만의 특성들도 있다. 어쩌면 가장 놀라운 특성은 영어를 제외한 다른 게르만어들이 굴절을 이용해서 수number, 격case, 성gender과 같은 문법적 정보를 표시하는 반면 영어는 비교적 어미 또는 굴절inflection을 거의 사용하지 않는다는 점일 것이다. 그러나 굴절어미들이 소유격이나 복수형 어미 –s에 국한되어 있는 현대 영어(boys, boy's)와 달리 고대 영어에서는 굴절어미가 훨씬 더 많이 사용되었다.

현대 게르만어족 언어들과 마찬가지로 고대 영어도 굴절어미 체계를 통해서 수(단수, 복수 및 2개/명을 가리키던 양수) 정보를 드러내고, 주격nominative, 대격accusative, 직접목적어, 소유격genitive, 여격dative, 간접목적어으로 네 가지 격을 구별했다. 또한 고대 영어는 명사들을 남성, 여성, 중성으로 분류했는데, 이러한 문법적 성grammatical gender의 삼분법은 현대 독일어에서 여전히 발견된다. 문법적 성 범주의 선택은 현실의 성별과는 아무 관계가 없었다. 따라서 (독일어에서 "여자"를 뜻하는 Weib가 중성이듯이) 고대 영어의 명사 wif("woman")는 중성인 반면, 현대 영어 woman의 어원인 wifmann은 고대 영어에서 남성에 속했다. 또한 정관사가 the 하나인 현대 영어와 달리 고대 영어에는 "일치 agreement" 체계가 있어서 정관사에 여러 형태가 있었고, 함께 사용되는 명사의 격, 성, 수와 일치하도록 했다.

초창기의 기록 형태를 살핌으로써 우리는 영어가 전형적인 게르만어족의 한 언어로 여정을 시작했음을 알 수 있다. 고대 영어 시기 이후로 영어는 엄청난 변화를 다수 겪었고, 구조, 어휘, 발음 및 철자가 혁신적으로 바뀌었다. 아래에서 논의할 간략한 영어의 역사를 통해서 이러한 변화 가운데 가장 중요한 사항들을 설명하겠다.

고대 영어 | 650–1100

앞에서 영어가 게르만어에서 파생되었다는 점을 강조했지만, 영국이 앵글로색슨 시대부터 오늘에 이르기까지 다언어 multilingual 국가였다는 점 또한 그에 못지 않게 중요하다. 타언어 사용자들과의 접촉은 특히 어휘 분야에서 영어를 무수히 변화하게 만들었다.

앵글로색슨 역사학자였던 비드는 『잉글랜드인의 교회사 *Historia Ecclesiastica Gentis Anglorum*』731라는 저술에서 영국에서 사용되던 다섯 가지 언어를 언급하는데, 바로 영어, 브리티시어(또는 웨일스어), 아일랜드어, 픽트어(북스코틀랜드에서 사용되던 언어), 라틴어(상자 1)이다. 켈트어* 사용자들과 앵글로색슨인들 사이의 접촉이 현대 영어에 남긴 흔적은 거의 찾아볼 수 없다. 앵글로색슨족의 침입 이후 켈트어 사용자들이 척박한 영국 서부 및 북부로 피난을 갔기 때문이다. 켈트어는 이곳에서 지금도 여전히 사용되고 있으며, 콘월 지역에서는 18세기까지 사용되었다. 켈트어 사용자들과 앵글로색슨인들 사이에 접촉이 있었다고 해도 그곳의 힘의 균형은 분명히 앵글로색슨인들에게 기울어져 있었다. 켈트인들이 주로 앵글로색슨인들의 노예 생활을 했기 때문이다. 그 증거로는 고대 영어 단어 wealh의 사용을 들 수 있다. 웨일스Wales라는 지명의 어원이자 콘월Cornwall이라는 지명의 wall에 해당하는 wealh은 브리튼 사람Briton**을 가리키는 동시에 노예를 가리키는 말이기도 했기 때문이다. 이러한 이유들은 켈트어의 영향이 대개 지명이나 강 이름에 국한되도록 만들었다. 가령 Avon은 켈트어로 river강을 뜻하는 말이고, Ouse는 water물을 뜻하는 단어였다. 행정 구역을 가리키는 명칭 가운데

---

* 앵글로색슨인들을 비롯한 게르만 부족들이 유럽에서 건너와 영국을 정복하기 전까지 영국 땅에 거주하던 사람들은 켈트족이었다.

** "브리튼 사람"이란 일종의 영국 원주민을 가리키는 말로, 당시 원주민 피지배 계층이던 켈트족의 후손들을 지배 계층이던 게르만족(앵글로색슨족)과 구별하기 위해서 사용되었다. 오늘날 일반적으로 영연방 국민을 통칭하는 Briton과는 다르다.

비록 라틴어로 저술하기는 했지만, 비드의 『잉글랜드인의 교회사』에는 현존하는 가장 오래된 영시에 대한 설명도 있다. 이 작품은 휫비 수도원의 글도 모르는 한 평범한 형제에 관한 이야기로, 캐드먼이라는 주인공이 꿈속에 나타난 한 천사에게서 어떻게 기적적으로 시를 쓰는 재능을 부여받았는지를 다룬다. 캐드먼의 추후 시들은 대부분 소실되었지만, 천지창조를 찬양하는 짧은 시 「캐드먼 송가Cædmon's Hymn」는 남아 있다. 비드는 그 시를 라틴어로 번역했으나 나중에 필경사들이 『잉글랜드인의 교회사』 원고의 가장자리에 원래의 영시 형태를 덧붙여두었다. 그림 3은 12세기에 영국에서 간행된 비드의 『잉글랜드인의 교회사』 사본의 한 페이지이다. 오른쪽 가장자리에 「캐드먼 송가」의 고대 영어 텍스트가 보인다.

이를 현대 영어로 번역하면 다음과 같다.

이제 우리는 하늘 왕국의 수호자와 기름 붓는 자의 힘과 구상, 그리고 아버지의 영광의 걸작을 찬양하노라. 영원한 주님, 그분께서 모든 경이로움의 시작을 확립하셨고, 신성한 창조주, 그분께서 맨 처음 인간 자손들을 위한 지붕으로 하늘을 창조하셨고, 인류의 수호자, 영원한 주님, 전능한 지배자이신 그분께서 그후로 사람들을 위해 가운데 땅, 즉 세상을 만드셨도다.

Kent와 Devon 역시 켈트어에서 나온 말이다. Cumberland의 앞부분도 마찬가지인데, 이 이름은 번역하면 land of the Welsh웨일스인들의 땅이다.

앞에서 우리는 고대 영어가 다른 언어에서 어휘들을 차용하지 않고 자체적인 방식으로 새로운 단어들을 만들었다는 점

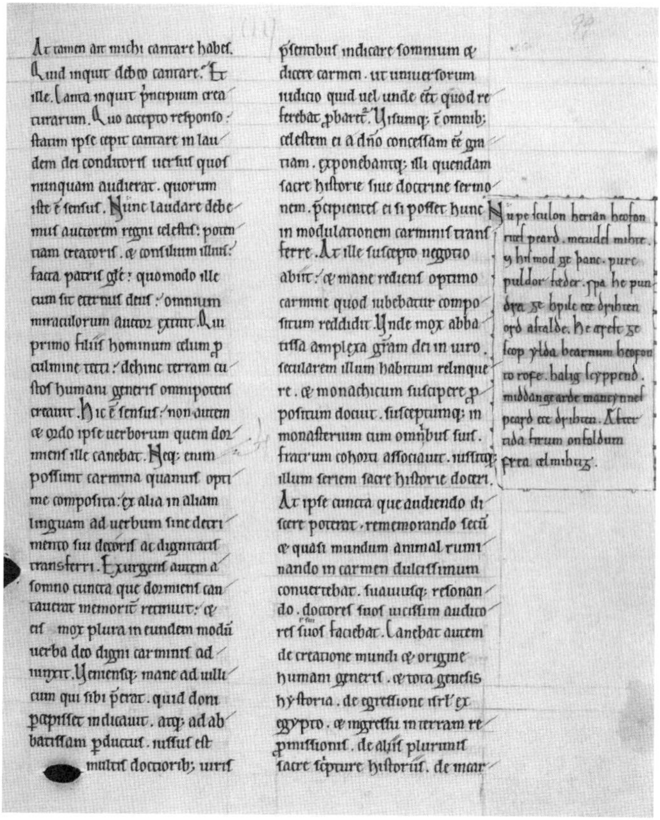

그림 3 비드의 『잉글랜드인의 교회사』 원고(Magdalen College, Oxford, MS lat. 105, f. 99r.)

을 살펴본 바 있다. 그러나 기원후 597년 로마 교황 그레고리우스가 선교사들을 파견한 이후 라틴어가 영국에서 기독교 언어의 역할을 수행하게 되었고, 이로 인해서 수많은 신앙과 관련된 라틴어 어휘들이 영어로 유입되었다. 이 가운데 대부분은 특수 어휘들로서 일반인들의 일상 영어에서는 큰 역할을 하지 못했을 것으로 보인다. 예를 들면 apostle제자라는 뜻의 apostol라틴어는 apostolus, abbot대주교의 뜻을 가진 abbod라틴어는 abbas, school학교의 scol라틴어는 schola, master주인의 magister라틴어는 magister 등이 이때 도입된 단어들이었다. 일부 라틴어 전문 용어들은 고대 영어의 토착어들을 밀어내기도 했는데, 가령 고대 영어 복합어 stæfcræft("letter-craft")문법는 grammaticcræft에 밀려났다.

라틴어는 영국에서 오랫동안 살아남았는데, 이는 특히 학계와 교회의 언어로 사용된 덕분이었다. 모국어가 아니었기 때문에 말보다는 글로 더 많이 사용되었지만 말이다. 고대 영어에 채택된 라틴어 어휘들은 주로 학문적, 문학적 성격을 띠었지만, 일부 단어들은 핵심 어휘 속으로 들어갔다. 주로 로마 군인들과의 직접적인 접촉을 통해서 흘러들어간 것으로 보이며, 유입 시기는 앵글로색슨족의 침입 이전까지 거슬러 올라가는 듯하다. 이런 류의 라틴어의 영향은 wine포도주을 뜻하는 win라틴어는 vinum, street거리를 뜻하는 stræt라틴어는 via strata(포장도로), 그리고 city도시를 뜻하는 ceaster라틴어는 castra와 같은 단어들을 채택한 것을 보면 알 수 있다. 특히 ceaster의 경우 Winchester나 Manchester와 같은 현대 지명에서도 발견된다.

앵글로색슨인들은 오늘날 고대 노르웨이어라고 알려진 북게르만어와도 접촉했다. 고대 노르웨이어는 870년대부터 11세기 말에 이르기까지 영국 북부와 동부 지역을 노략하고 결국에는 그곳에 정착했던 덴마크 및 노르웨이 사람들의 언어였다. 라틴어 어휘들이 주로 교회 및 글의 형태에 국한되어 차용된 반면에, 고대 노르웨이어는 좀더 혁신적인 방식으로 영어에 침투했다. 라틴어는 구어체 언어이기는 해도 모국어가 아니라 제2언어로서 주로 수도원에서 사용되던 언어에 머물렀다. 반면, 고대 노르웨이어는 구어체 세속 언어spoken vernacular였기 때문에 바이킹족과 앵글로색슨족 사이의 일상 대화에서 자주 사용되었으리라고 추정된다.[*] 이 두 언어는 게르만어족 소속으로 서로 밀접하게 연관되어 있었기 때문에 상호 이해가 가능했을 것이다. 이러한 연관성은 두 언어의 어휘들이 양방향으로 차용되는 현상을 부채질했을 공산이 크다.

고대 영어는 라틴어에서 명사, 동사, 형용사, 부사 등 주로 내용적 단어를 빌려왔지만, 고대 노르웨이어로부터는 대명사, 접속사 및 전치사 등과 같은 문법적 요소들을 차용해왔다. 또 라틴어 외래어가 고도로 특수화된 어휘들로서 전적으로 글 언어written language에서 사용된 반면 고대 노르웨이어는 일상적인 단어들, 흔히 말 언어spoken language에서 사용되는 단어들을 제공해주었다. cast, egg, husband, ill, knife, leg, take, though, ugly, want, window 등이 여기에 해당된다. 심지어 친족어 sister도 노르웨이어에서 차용한 단어이다(고대 영어에서는 이와 비슷하게 sweostor라고 썼다). 이런 접촉으로 생긴 가장 놀라운 결과는 영

---

[*] 이 시기에 영국의 동부 및 북부 지역을 노략하던 고대 노르웨이어 사용자들을 바이킹족이라고 부르기도 한다.

어가 고대 노르웨이어의 3인칭 복수 대명사 they, their, them을 채택했다는 점이다. 이 형태들은 고대 영어의 일부 대명사들을 밀어냄으로써 여태껏 구별하기 힘들었던 대명사 체계를 명확하게 해주었다. 그전까지는 대명사 he, her, him과 함께 3인칭 복수형 대명사들로 hie("they"), hira("their"), 그리고 him("them")이 사용되고 있었다.

노르웨이어가 속해 있던 북게르만어와 영어가 속한 서게르만어 사이에는 발음의 차이가 컸다. 오늘날 영어에서 sky나 skin처럼 딱딱한 "sk" 소리로 시작하는 수많은 단어들은 고대 노르웨이어에 어원을 둔다. 서게르만어의 일종인 고대 영어에서는 나중에 이 "sk" 소리가 "sh"로 변했는데, 이러한 변화는 skirt와 shirt 같은 단어의 쌍이 존재하는 현상을 설명해준다. 즉, 이 단어들은 동일한 게르만어 어근에서 파생되었지만, skirt는 고대 노르웨이어를 통해서, shirt는 고대 영어에서 직접 내려왔다고 이해하면 된다. 고대 노르웨이어는 지명에도 흔적을 남겼는데, 특히 인구 밀도가 높았던 바이킹족 정착 지역(동부 중원 및 북부)에 많은 예시들이 있다. Enderby, Grimsthorpe, Bassenthwaite, Sibbertoft 등과 같은 지명에 사용된 by("farm"), thorp("village"), thwaite("clearing, meadow"), toft("piece of ground") 등이 이에 포함된다.

고대 영어 사용자들과 고대 노르웨이어 사용자들의 접촉으로 인한 또다른 결과로는 고대 영어의 문법 어미 굴절inflection 체계,

즉 단어 끝에 덧붙어 문법 정보를 표시해주던 요소들의 단순화가 있다. 두 언어는 어휘적으로 중복되는 부분이 상당히 많았지만, 고대 노르웨이어에는 뚜렷하게 구별되는 굴절어미inflectional endings 체계가 사용되고 있었다. 고대 영어와 고대 노르웨이어 화자 집단은 서로 소통을 원활하게 하기 위해서 굴절어미 부분에 강세를 더 약하게 주었을 것이다. 그 결과 고대 영어의 굴절 체계가 무너진 것이다.

고대 영어 말기에 쓰인 앵글로색슨족의 기록 원고을 보면 굴절어미의 구분이 심하게 흐려졌음을 알 수 있는데, 1500년에 이르면 그 어미들의 대부분이 완전히 사라지게 된다. 오늘날 남아 있는 명사 곡용noun declension 체계의 유일한 흔적은 "-s" 어미로, the boy's book에서처럼 소유(소유격)의 의미를 더하거나 the books에서처럼 복수를 표시하면서 추가하는 경우가 전부이다 (이와 함께 oxen 또는 children의 "-en"도 덜 사용되기는 하지만 아직 남아 있다).

굴절어미의 소실은 문법적 성 체계grammatical gender system를 무너뜨리는 결과도 초래했다. 문법적 성 체계 역시 전술한 굴절 체계에 의존했기 때문이다. 나아가서 살아 있는 물체를 지칭할 때 실제 성별을 자동적으로 따라가는 경향에도 기여했는데, 예를 들면 여자를 it로 지칭하기보다는 여성 대명사 she를 사용하는 경우가 많아졌다.

섬나라 영국에 정착한 앵글로색슨족과 다른 게르만어 사용자들의 또다른 언어적 연관성은 룬 문자runic alphabet의 사용에 있다. 룬 문자는 유럽 대륙에서 발전된 문자로서 나무나 돌에 짤막한 메시지를 긁어서 기록하던 문자이다. 영국에서 룬 문자는 제한적으로만 사용되었는데, 기독교 개종 이후 들어온 로마자 알파벳이 고대 영어 문서의 중요 매체로 확립되었기 때문이다. 그러나 영어보다는 라틴어를 기록하기 위해서 고안된 로마자 알파벳은 고대 영어의 소리 체계에 완벽하게 맞지 않았다. 가령 라틴어에는 "th" 소리가 없었기 때문에 그 발음을 표시할 글자도 없었다. 이 공백을 메꾸기 위해 앵글로색슨족은 "손"이라고 부르던 글자 "Þ"를 룬 문자에서 가져와서 사용했다. Þ는 15세기에 모양이 y로 바뀔 때까지 영어 기록에 계속 사용되었고, 현재 바뀐 모양으로 ye olde tea shoppe과 같은 모조 고어 간판에 남아 있다. 여기에서 ye는 "the"라고 발음해야 제대로 읽은 것이다.

영어 철자법은 비교적 명료한 방식으로 말 언어를 문자로 기록하면서 시작되었다. 그러나 철자법이 점차 고정되면서, 추후에 일어난 발음의 변화를 따라가지 못하는 문제가 발생했다. 앵글로색슨 필경사들이 고대 영어를 기록하기 위한 관례를 이미 확립해놓았기 때문에 고대 영어의 철자는 현대 영어보다 음성적인 특징을 보이는 경향이 있다. 현대 영어 사용자들은 knight, gnat, write 등에 나오는 묵음 철자 때문에 곤욕을 치르고는 하지만, 앵글로색슨인에게 그런 철자는 매우 논리적인 결과로 받아들여졌을 것이다. 당시에는 실제로 이 단어들의 맨 앞에 k, g, w 발음이 났기 때문이다. 모음의 철자법도 명료하기는 마찬가지였다. 철자에 이중 "oo"가 있는 단어들은 고대 영어에서 장모음 "oo" 소리*로 발음되던 것들이다. 발음이 바뀌면서 철자가 현대 영어의 발음을 제대로 안내해주지 못하게 된 것이다. good, food, blood를 비교해보라.

중세 영어 | 1100–1500

영어가 고대 영어에서 중세 영어로 전환된 시기는 대개 1100년으로 보는데, 그 이유는 1066년의 노르만 정복과 그후 프랑스어가 미친 영향이 언어적 전환의 특징이라고 할 만한 변화들을 촉발시켰기 때문이다. 10세기 초반에 프랑스 북부에 정착한 노르만족은 원래 스칸디나비아 사람들로, Norman이라는 명칭도 Northman에서 유래했다. 학자들은 노르만 정복 직후 영국에서 사용되던 프랑스어를 앵글로노르만어Anglo-Norman라고 부르는데, 이는 원래 노르망디의 윌리엄을 따르던 관료와 귀족들이 제한적으로 사용하던 언어였다.** 그후 이 언어는 두 세기에 걸쳐 사회적으로 더 널리 채택되었지만, 14세기경에는 더 이상 모국어로 습득되지 않게 되면서 주로 관청에서 사용되는 데에 국한

---

* 한국어 발음 "오"와 비슷하다.
** 윌리엄은 1066년에 영국을 정복한 프랑스 노르망디 지역의 공작으로, 노르만족의 지도자였다.

되었다.

앵글로노르만어가 널리 쓰이던 2세기 동안 매우 많은 수의 프랑스 단어들이 영어로 유입되었다. 이 차용어들의 철자와 발음이 중앙 프랑스어(Central French, 오늘날 표준 프랑스어의 조상 언어)와 달랐다는 사실은 그 단어들이 노르만 프랑스어Norman French 방언에서 차용되었음을 말해준다. 가령 현대 영어의 war는 표준 프랑스어 단어 guerre가 아니라 노르만 프랑스어 단어 werre에서 파생된 단어이다. 노르만 프랑스어와 중앙 프랑스어 단어가 둘 다 들어온 경우도 있다. warranty와 guarantee가 그 예로, warranty는 주로 법률 용어로 제한되어 쓰인다. 고대 영어와 고대 노르웨이어의 관계와는 달리, 앵글로 노르만어와 중세 영어는 상호 이해 가능한 언어가 아니었다. 앵글로 노르만어를 쓰는 사람들 역시 앵글로색슨인들 사이에 자리를 잡았던 노르웨이어 사용자들과 달리 권력과 권위를 차지한 사람들이었다. 이러한 차이는 어휘의 차용 양식에도 고스란히 반영되었다. 영어에 기록이 남아 있는 초기의 프랑스어 차용어들은 주로 앵글로 노르만 정부의 설립과 관련된 단어들로, justice, chancellor, prison, noble, crime, court 등이 있다.

노르만 정복 이후 두 세기가 흐르는 동안 영어는 대개 말 언어로 사용되었고, 대부분의 문서 기록에는 좀더 권위 있는 언어, 즉 프랑스어 또는 라틴어가 쓰였다. 영어의 지위가 변하기 시작한 것은 흑사병 이후에 사회적 격변이 일어나고 제프리 초서

1343?-1400와 같이 기량이 뛰어난 영어 작가들이 출현한 14세기 경의 일이었다.

프랑스어, 특히 파리에서 사용되던 중앙 프랑스어는 영국 사회에서 계속해서 특권적인 지위를 점했다. 이로 인해서 프랑스어 단어들의 유입이 한층 더 증가했는데, 특히 프랑스 사회 및 문화와 관련된 어휘들이 많이 들어왔다. college, robe, verse, beef 등 학문, 패션, 예술, 음식과 관련된 영어 단어들은 (궁극적인 기원이 라틴어이기는 하지만) 대개 프랑스어에서 유입되었다. 프랑스어가 이 시기에 누린 높은 지위는 현대 영어에 다양한 동의어 쌍이 존재하는 현상도 낳았다. begin-commence, look-regard, stench-odour 등이 그 예이다. 각각 프랑스어 차용어들은 고대 영어에서 물려받은 단어보다 더 높은 사용역higher register*을 가진다.

그러나 프랑스어가 더 높은 지위를 가진 단어를 추가하는 데에 그친 것은 아니다. 많은 경우 프랑스어 단어가 유입되면서 토착 영어 단어가 완전히 축출되었기 때문이다. 가령 고대 영어 단어 wlonc는 현대 영어 단어 pride로 대체되었다. 심지어 일부 친족어들도 밀려났는데, 가령 고대 영어 eam 및 sweostor-sunu("sister-son")는 프랑스어의 해당 어휘 uncle 및 nephew로

---

* 사용역이란 격식성의 정도를 가리키는 용어이다. 언어 사용자들은 친한 친구와의 대화 또는 취업 면접 등 각각의 상황에 따라서 격식성을 달리하여 동일한 의미를 표현하는 경향이 있다. 이러한 차이를 사용역이라고 한다.

바뀌었다.

라틴어 단어들은 중세 영어 시기에도 계속해서 차용되었다. 대부분 scripture, history, allegory, client, executor처럼 종교, 학문, 법 등의 특수 분야에서 가져온 단어들이었다. 프랑스어가 라틴어에서 파생된 언어이기 때문에 영어로 유입된 단어가 라틴어에서 직접 들어왔는지 아니면 프랑스어를 통해서 들어왔는지 구별할 수 없는 경우도 있다. 중세 영어 철자로 enclinen 또는 inclinen으로 썼던 동사 incline의 경우, 프랑스어 encliner를 나타냈을 수도, 라틴어 inclinare를 나타냈을 수도, 아니면 둘 다였을 수도 있다.

중세 영어 시기에는 철자 체계에도 커다란 변화가 나타났다. 노르만 정복 이후 프랑스어 필경사들은 영어를 기록하면서 자신들만의 철자 관례를 따르기 시작했다. 이때부터 고대 영어에서 관행처럼 쓰던 cwen과 같은 단어의 "cw" 철자가 "qu"로 바뀌었는데, 현대 영어 queen은 이에 따라서 나타난 단어이다. 프랑스어의 유입은 영어의 철자 또한 복잡하게 만들었다. 많은 차용어들이 철자를 바꾸지 않은 채 사용되었기 때문이다. 앵글로색슨 시기에는 차용어들의 철자가 상대적으로 문제를 덜 일으켰다. 유입된 단어의 수도 몇 되지 않았고, 고대 영어 관례에 맞추어 재철자화respell 하려는 경향이 있었기 때문이다. 따라서 phoenix 등의 그리스어 차용어는 "ph"가 아니라 고대 영어 철자법 "f"를 유지하여 fenix라고 적었다. 반면 중세 영어 시기에 프랑스어에서 가져온 단어들은 프랑스어의 철자법을 유지했다. 이에 따라서 centre의 경우 "s"를 "c"로 표시하거나 chef의 경우 "sh"를 "ch"로 표시하는 등 새로운 소리-철자 대응 관계가 생기게 되었다.

초기 현대 영어 | 1500–1750

초기 현대 시기는 라틴어가 영어에 가장 크게 영향을 미친 시기로, 이는 유럽 르네상스와 관련된 고전 지식의 재발견이 가져온 직접적인 결과였다. 이 시기에 라틴어는 계속해서 학계의 언어로서, 문법 학교의 수업 언어이자 과학 문헌의 언어로서 널리 쓰였다. 중력에 관한 아이작 뉴턴의 주요 저서 『자연철학의 수학적 원리*Philosophiae Naturalis Principia Mathematica*』1687도 라틴어로 쓰였다.

그러나 같은 시기 영어의 기능은 더욱 정교화되었고, 이에 따라서 영어가 다양한 목적으로 사용되기 시작했다. 1704년 출판된 뉴턴의 후기 저서 『광학*Opticks*』은 영어로 집필되었다. 영어의 확장은 프로테스탄트 개혁으로 더욱 고양되었다. 하나님의 말씀에 직접 접근하기 위한 수단으로서 성경을 영어로 번역하는 작업이 추진된 것이다. 이처럼 과학이나 종교와 같은 특수 분야의 세속화가 이루어지면서 영어에도 전문 용어가 필요하게 되었다. radius, lens, calculus, vacuum 등이 여기에 해당된다. 이 시기 라틴어의 지배력은 중세 영어 시기에 프랑스어를 통해서 차용되었던 많은 단어들을 라틴어로부터 재도입하는 데에 일조했다. 가령 동사 compute라틴어는 computare는 이미 14세기에 count고대 프랑스어 conter로 영어에 등장했던 단어였다.

초기 현대 시기에는 고전 언어들에 특별히 높은 지위를 부여했는데, 이로 인해서 라틴어와 그리스어 단어들은 철자에 손을 대지 않은 채 그대로 채택되기도 했다. 그 결과 그리스어 "phi"가 "f" 대신 "ph"를 쓰게 되었는데, philosophy나 physics가 그리스어식 "ph" 철자를 보이는 예이다. 또 라틴어식 철자법을 존중하여 전에 프랑스어에서 직접 차용되었던 수많은 단어들을 재철자화하는 현상이 생겨났다(거슬러 올라가면 그 단어들도 결국 라틴어에 기원을 두지만 말이다). 따라서 debt와 doubt의 경우 묵음 "b"를 더해서 라틴어의 debitum 및 dubitare와 맞추었고, scissors라틴어는 scissor에도 묵음 "c"가 삽입되었으며, salmon 라틴어는 salmo에는 "l"이 추가되었고, 또 receipt라틴어는 receptum 에는 묵음 "p"가 들어가게 되었다. 대개의 경우 묵음 철자 때문에 철자와 발음 사이의 간격이 더욱 커지게 되었지만, perfect나 adventure처럼중세 영어로는 parfait 및 aventure 삽입된 철자가 지금은 발음되는 경우도 일부 있다.

이 시기에는 무역과 여행이 확대되면서 다른 유럽 언어 사용자들, 특히 이탈리아어, 스페인어, 네덜란드어 사용자들과의 접촉이 늘어났다. 이로 인해서 더욱 많은 차용어들이 들어왔는데, 특히 무역 물품과 관련된 단어들이 많았다. 이 시기에 유입된 이탈리아어 차용어로는 parmesan과 artichoke뿐만 아니라 건축 용어 balcony 및 cupola 등도 있었고, 예술 관련 단어로는 stanza와 violin 등이 있었다. 네덜란드어 어휘들로는 guilder, excise 등이 유입된 반면, 스페인어에서 차용한 어휘들은 anchovy, apricot, banana, cocoa, potato, tobacco 등으로 식민지 무역을 반영하고 있다. 유럽을 넘어 다른 지역으로 여행을 하게 되면서 sherbet, yogurt, turban, divan 등과 같이 페르시아어 및 아랍어에 기원을 둔 단어들이 터키어를 통해서 유입되기도 했고, cot, pundit, bungalow, dungaree, pukka, shampoo 등과 같은 인도어 차용어도 등장했다. 북아메리카 대륙에 유럽인들이 정착하면서부터는 아메리카 원주민 언어로부터 moccasin, moose, wigwam, skunk 등이 유입되었다.

이 시기는 영어 발음의 역사에서 가장 결정적이면서 파급 효과가 가장 큰 변화가 일어난 때이기도 하다. 오늘날 대모음추이 Great Vowel Shift라고 알려진 장모음들의 체계적인 재조직화가 생겼기 때문이다. 이 변화는 15세기에 시작되어서 1700년경에 완결되었다. 셰익스피어의 희곡은 재구성된 원전 발음으로 들어도 큰 어려움 없이 이해할 수 있는 반면, 초서의 작품 속 발음은 오늘날 우리에게 매우 다르게 들리는 주된 이유가 바로 대모음추이이다.*

---

* 초서는 중세 영어 시기의 작가이고 셰익스피어는 초기 현대 영어로 작품을 집필한 작가이다.

대모음추이는 현대 영어 flew의 모음 발음인 "uu"가 now나 cow 같은 단어에서 "ow(아우)"로 바뀌고, 또 현대 영어 see의 모음 소리인 "ii"가 fine이나 life 같은 단어에서 "iy(아이)"로 바뀌면서 촉발되었다. 이러한 발음의 변화는 road의 모음처럼 장모음 "oo"로 발음되던 goose나 food 같은 단어들이 장모음 "uu"로 발음되도록 밀어붙이면서, 마치 오늘날 남부 영어 방언처럼 발음되는 현상으로 나아갔다. 중세 영어에서는 장모음 "ay(현대 영어의 way와 비슷한 모음 소리)"로 발음되던 green이나 been이 오늘날의 장모음 "ii" 소리로 발음되기 시작한 것 역시 비슷한 현상이다. 그러나 이러한 발음의 변화에 대응되는 철자의 변화는 일어나지 않았으므로, 대모음추이 현상으로 인해서 영어 철자와 발음의 관계가 점차 무너지게 되었다.

후기 현대 영어 | 1750–1900

이 시기에는 생물학, 화학, 물리학, 약학 등 과학 분야의 저술들이 계속해서 영어로 작성되면서 전문 분야의 영어 어휘가 확대되었다. 그중에는 라틴어와 그리스어에서 직접 차용한 단어뿐만 아니라, 고전어의 요소들을 조합하여 만든 준고전적 신조어들도 있었다. 예를 들면 라틴어의 in("not")과 vertebra("joint")를 결합한 invertebrate, 그리스어 chloros("pale green")와 phyllon("leaf")을 결합한 chlorophyll, 그리스어 haima("blood")와 라틴어 globulus("globule")를 혼합한 haemoglobin과 같은 단어가 등장했다. 이는 오늘날 병원에서 의사와의 대화가 영어 원어민 화자에게조차 도전이 되는 이유이다. 사실, 원어민들에게도 gynaecology(부인과, 그리스어 gyne["woman"]에서 왔다), obstetrics(산과, 라틴어 obstetrix["midwife"]에서 왔다), geriatrics(노인병학, 그리스어 geras["old age"]에서 왔다) 등과 같은 단어들은 전혀 명료하지 않게 느껴진다(그림 4).

18세기에는 프랑스 문화와 예절을 선호하는 풍조 때문에 무수한 프랑스어 단어들이 유입되었다. centre나 table처럼, 중세 영어 시기에 영어로 들어온 프랑스어 단어들은 대다수 영어화된 발음을 가지게 되었지만, liaison, beau, faux pas 등 18세기에 도입된 단어들은 일반적으로 프랑스어 철자와 발음을 그대로 유지한 채 유입되었다. 프랑스 문화가 우세한 18세기의 분위기는 일부 기존 영어 단어들도 재철자화를 겪으면서 프랑스어 관례를 따르게 만들기도 했다. bisket이 biscuit으로, blew가 blue로 바뀐 사례가 여기에 해당된다.

영어 역사 전반에 걸쳐서 프랑스어, 라틴어, 그리스어가 광범위하게 차용되면서 사용역을 달리하는 동의어 그룹이 만들어졌다. freedom과 liberty, happiness와 felicity, depth와 profundity와 같은 어휘쌍들이 그 예이다. 이 동의어들을 이용해서 새로운 단어를 만들어보면 동의어들의 관계에 대한 재미있는 통찰을 얻을 수 있다. 가령 고대 영어에서 온 bird는 birdbrain과 같은 욕설 어휘를 만들고, 라틴어 avis는 좀더 전문적인 aviation이나

"검사 결과를 다 보고 여러 전문가들과 상의했는데,
제 의학적 소견으로는, 환자분께서 저도 발음할 수 없는
뭔가에 걸린 것 같습니다."

그림 4 의료 언어

aviary와 같은 단어를 낳는 반면, 그리스어에서 온 ornith는 순전
히 과학적인, ornithology와 같은 단어의 어근이 된다.

오늘날의 모음 체계는 대모음추이가 완료된 후 장모음 체계
에 영향을 미친 또 하나의 변화를 통해서 자리를 잡았다. 1700
년경까지만 해도 meat처럼 "ea" 철자가 쓰인 단어들과 meet처럼
"ee" 철자가 쓰인 단어들은 (다른 철자가 시사하듯이) 서로 다르
게 발음되었다. 그러나 18세기에 이 두 단어 그룹 사이에 통합
이 일어났고, 현대 영어와 마찬가지로 sea와 see가 동일한 발음
을 가지게 되었다. 이러한 통합은 현대 영어의 철자와 발음 사이

의 혼란을 더욱 가중시켰다. meet/meat, sea/see 등 철자가 다른 단어들의 발음이 똑같아졌기 때문이다. 반면 break, great, steak, yea 등 이 변화를 겪지 않은 몇몇 단어들은 모두 이전의 발음을 유지하고 있다.

영어 철자의 표준화는 이 시기에 대부분 완성되었고, 따라서 18−19세기에 인쇄된 글들은 현대 영어와 철자법이 크게 다르지 않다. 발음의 차이도 거의 없었다. 물론 현대 영어 사용자들이 18세기의 글을 읽으면 일견 대문자를 임의로 사용한 듯한 느낌 때문에 가끔 놀라기는 할 것이다. 이런 관행은 사실 임의로 썼다기보다는 어떤 단어를 돋보이게 하기 위해서, 혹은 Truth, Beauty, Ambition과 같은 단어에서 지칭 범위를 강조하기 위해서 사용되었다. 수기 원고를 활자로 변환하는 임무를 맡았던 인쇄업자들은 저자가 언제 단어를 대문자로 쓰라고 한 것인지 파악하면서 골머리를 앓았고, 결국 모든 명사는 무조건 대문자로 처리하는 편의주의를 채택했다. 반면 저자들은 그 관행을 따르지 않는 방식으로 응수했는데, 이것이 미묘한 의미의 차이를 전달해주던 대문자의 위력을 무력화했기 때문이다. 그 결과 19세기에 이르자 현대의 관행이 확립되었다.

아포스트로피apostrophe를 사용하는 방법 역시 현대의 구두점 방식과는 달랐다. 이 시기에는 folio's나 opera's처럼 복수어미 "-s"를 외래어 차용어에 덧붙일 때 아포스트로피를 썼다. "야채 장수의 아포스트로피greengrocer's apostrophe"라고 알려진 이 용

그림 5 야채 장수의 아포스트로피

법은 pear's, orange's 또는 apple's처럼 야채 가게에서 상품을 홍보할 때 흔히 사용되지만, 오늘날에는 매우 낙인찍힌 관행으로 여겨진다(그림 5).*

지금까지 간략하게 영어의 역사를 살펴보았다. 여기에서 우리는 계통도가 영어의 기원을 도식화하는 유용한 방식이기는 하지만 영어와 다른 언어들 사이의 관계를 다 보여주지는 못한다는 사실을 알았다. 영어가 발음, 철자, 문법, 어휘 등 모든 언어적 층위에서 사용자들이 접촉한 매우 다양한 언어들로부터 영향을 받았기 때문이다.

---

* 그림 5처럼 명사의 복수형을 적을 때 아포스트로피를 함께 사용하는 것은 야채 장수들이나 하는 잘못된 방식이라는 비아냥을 받는다.

영어는 게르만어족의 일원이라고 범주화하면서 논의를 시작했지만, 이러한 범주화는 역사적으로 볼 때에는 맞을지라도 현대 영어에 명백히 드러나는 다양한 관계들을 포착하기에는 부족하다. 반대로, 현대 독일어 같은 언어는 굴절어미를 사용해서 수, 격, 성을 표시하기 때문에 게르만어적인 구조를 훨씬 더 착실하게 유지하고 있다. 현대 독일어는 고대 영어처럼 여전히 타언어 차용어보다는 접사 형성과 복합어 형성compounding 같은 내적 단어 형성 방식을 선호한다. 가령 영어 단어 television은 그리스어 telos("far")와 라틴어 visio("see"), 즉 두 가지 고전 언어 요소의 복합어인 반면, 독일어 Fernseher는 같은 독일어 고유어 fern("far")와 seher("seer")로 구성되어 있다.

또한 짧은 고찰을 통해서 우리는 영어가 역사적으로 어떻게 구조 및 어휘 측면에서 심대한 변화를 겪었는지 살펴보았다. 이는 타언어 사용자들과의 접촉, 침략과 정복 및 전염병 등 주요 사회적 격변, 언어의 사회적 역할 변화 등의 결과였다. 여타의 살아 있는 세속 언어(인위적으로 습득되지 않은 모국어)와 마찬가지로 영어의 흥망성쇠도 사용자들의 부침과 밀접하게 상호작용해왔다.

이는 결코 놀라운 일이 아니다. 언어는 사회적 네트워크 속에서 화자들이 조종하는 소통 수단이기 때문이다. 화자, 공동체, 사회가 변하면서 언어 및 언어의 기능도 변한다. 이런 사실에도 불구하고 많은 이들이 언어의 변화를 타락과 부패의 증거로 여기고, 에덴동산의 완벽성과 같은 형태에 호소하며, 영어가 화자들의 오용과 소홀 때문에 완벽한 형태에서 멀어졌다고 말한다. 하늘에 닿는 탑을 쌓으려다가 하나님이 단일 언어를 혼란스럽게 만들어서 사람들이 더 이상 서로의 말을 이해할 수 없게 되었다는 성경 속 바벨탑 이야기처럼 영어 화자들도 자신들의 언어를 부패시켜서 결국 서로 전혀 이해하지 못할 방향으로 가고 있다고 말하기도 한다.

그러나 언어가 화자들의 손아귀, 아니 입안에 있다면, 특정 용법은 옳고 다른 용법은 옳지 않다고 과연 누가 말할 수 있을까? 그런 판단을 내릴 권위자는 어디에 있을까? 아니면, 그것이 과연 판단이기는 할까? 제3장에서 이러한 문제들을 다루도록 하겠다.

제3장

권위

Authorities

이 장에서는 영어 용법의 규칙들이 어떻게 확립되었는지, 옳고 그름을 결정할 때 어디에 있는 권위자에게 의지하는지 등을 논의할 것이다. garage를 "garidge"라고 발음해야 하는지 아니면 "garaadge"라고 해야 하는지, disinterested가 맞는지 uninterested가 맞는지, minuscule이라고 해야 하는지 miniscule이라고 해야 하는지 등 용법과 관련된 골치 아픈 문제들의 답을 찾고자 할 때 우리는 어디에 의존할까? 무엇을 근거로 우리는 세라 페일린의 신조어 refudiate나 조지 부시가 쓰던 misunderestimate 등의 어휘들이 진정한 단어가 아니라고 하면서 리사 심슨이 쓰던 meh는 단어가 된다고 말할 수 있을까?*

---

* 세라 페일린은 알라스카 주지사를 지낸 후 2008년 미국 대통령 선거에서 공화당 부통령 후보를 지낸 인물로, refudiate는 refuse와 repudiate를 혼합한 단어이다. 또, 제43대 미국 대통령인 조지 부시는 misunderestimate라는 말을 만들어서 "underestimate by mistake"라는 뜻으로 사용했다. 리사 심슨은 TV 애니메이션 「심슨네 가족들The Simpsons」에 나오는 인물로 염소의 울음소리와 비슷한 "Meh!"라는 말을 자주 쓰면서 지루하거나 무관심한 심정을 나타낸 바 있다.

분명히 가장 의지할 만한 곳은 아마 용법에 관한 토론에서 궁극적인 권위자로 여겨지고는 하는 사전일 것이다. 하지만 이는 겉보기처럼 간단한 문제가 아니다. 많은 이들이 "사전"이라는 단일 간행물이 있는 것처럼 말하지만, 현실은 훨씬 더 복잡하다. 『콜린스 영어 사전Collins English Dictionary』2014은 adorkable을 "사회성이 떨어지거나 인기가 없지만 매력이 있고 사랑스러운"이라고 정의하는 반면, 『옥스퍼드 영어 사전Oxford English Dictionary』에는 이 단어가 아예 없다. 그렇다면 이 단어는 적법한 단어일까, 적법한 단어가 아닐까? 사전을 참조해서 권위 있는 선언을 한다는 것은 보기만큼 단순한 일이 아니다.

사전

사전이 기준을 정하고 사람들은 이것을 따라야 한다는 견해는 새뮤얼 존슨 박사의 『영어 사전』1755으로 거슬러 올라간다. 존슨은 작업을 시작하기 전인 1747년 자신의 집필 계획을 후원자였던 체스터필드 경에게 보고하면서 자기 사전의 개요를 다음과 같이 밝혔다. "제가 생각하는 영어 사전은 이래야 합니다. 먼저 사전으로 발음이 고정되어야 하고, 그것을 성취하기가 용이해야 합니다. 사전을 통해서 그 순수성이 보존되어야 하며, 용법이 확정(고정)되고, 또 지속성이 연장되어야 합니다."

존슨은 왕정 복고 시대 이전의 작품에서 발췌한 예문들을 토대로 작업했고, 그 작가들의 글을 "더럽혀지지 않은 영어의 우물wells of English undefiled"이라고 여겼다. 그는 이전 영어 작품에 초점을 맞춤으로써 영어의 원래 "튜턴적인Teutonic/게르만적인" 특성을 "기억하고", 영어가 향하고 있던 "골적인Gallic/프랑스적인" 구조를 탈피하고자 했다. 그럼에도 사전 편찬자로서 다년간에 걸친 경험을 바탕으로 작성한 이 사전의 서문을 보면, 존슨은 스스로 자신의 사전이 영어를 더 이상 변하지 않게 보존하리라는 희망이 쓸모없음을 깨달은 듯하다(상자 2).

  존슨의 사전이 그런 목적으로 쓰인 최초의 영어 사전이라는 찬사를 받기는 하지만, 영어 단일어 사전들의 시작은 그보다 먼저 어려운 단어들의 목록에서 출발했다. 가장 오래된 영어 사전의 예로는 로버트 코드리의 『알파벳 목록Table Alphabeticall』1604이 있는데, 전체 제목을 보면 어떤 사전인지 알 수 있다. 그 제목이 바로 "알파벳 표, 진정한 글쓰기 및 히브리어, 그리스어, 라틴어, 프랑스어 등에서 차용한 어려운 일상 영어 단어를 포함하고 가르치기"이기 때문이다. 이는 가장 일상적인 영어 단어들을 중점으로 다루고 전문적인 용어는 특수 사전의 몫으로 넘기는 요즘의 탁상용 사전들과는 매우 대조적이다. 코드리의 사전은 일상적으로 사용되는 단어들의 올바른 용법을 알려주기보다는 외국어에서 차용한 용어들의 뜻풀이를 제시하는 전통의 출발점이 되었다. 가령 concinnate, deambulate, pactation, refractarie 등의 단어들은 특히 라틴어나 그리스어 교육을 받지 못한 사람들에게는 뜻이 명료하지 않았다. 코드리 자신도 이런 독자층을 나의 계획을 좋게 생각하는 이들은 이 사전이 우리 언어를 고정시키고 지금껏 시간과 우연 때문에 아무런 저지 없이 가해진 변화에 종지부를 찍어야 한다고 요구한다. 고백하건대 그 결과 나는 잠시 들떴던 듯하다. 하지만 이성도 경험도 합리화할 수 없는 기대감에 젖어 있었던 것이 이제는 두렵다. 어떤 세기든 일정 시간이 되면 사람들이 하나둘씩 늙어 죽는 것을 보면서, 우리는 생을 1,000살까지 연장해준다고 약속하는 영약을 비웃는다. 마찬가지 이치로 사전 편찬자 역시 조롱을 당할 수 있다. 단어나 구가 변하지 못하게 보존한 나라의 사례를 단 하나도 제시하지 못하면서, 자신의 사전이 언어를 방부 처리해서 부패와 타락으로부터 지킬 수 있다거나, 스스로의 힘으로 속세적인 본질을 바꿀 수 있다거나, 어리석음과 허영, 가식을 세상에서 없애버릴 수 있다고 상상한다면 비판을 면하지 못할 것이다.

"여성 및 숙녀와 다른 덜 숙련된 사람들"이라고 특정하고 있다.

코드리는 자신의 목록에 포함한 단어들의 "진정한 글쓰기 및 이해"를 제공하고자 했다고 발표함으로써 확실성을 갈구하는 독자들에게 언어적 권위의 저장소로서 사전의 위상을 확립시켰다. 그러나 오늘날의 사전 편찬자들은 그런 접근법 대신 현재의 용법을 기술적으로 설명하는 편을 선호한다. 이에 따라서 오늘날의 사전들은 끊임없이 내용을 수정하고 새로운 철자, 발음 및 용법의 변화를 반영하고자 하고 있다. 이것이 바로 스티븐 핑커가 『아메리칸 헤리티지 영어 사전*American Heritage Dictionary*』의 서문에서 언급한 사전 편찬학의 "지저분한 작은 비밀"이다. 즉 "관리하는 사람 하나 없이, 정신병자들이 정신병원을 운영한다"는 것이다.

오늘날 사전 개정판에 비속어, 약어, 그리고 amazeballs, YOLO, selfie와 같은 소셜미디어 용어들을 포함시키면 언론이나 대중의 실망한 목소리를 듣게 된다. 이들은 그런 단어들이 권위의 저장소에 들어갈 가치가 없다고 생각한다. 하지만 이런 단어들은 이미 영어 화자들 사이에서 널리 사용되고 있으므로 마땅히 사전에 들어가야 한다.

단어들은 보다 오래 사용되어야만 덕망 높은 『옥스퍼드 영어 사전』에 수록될 수 있다. 그럼에도 이 사전에 새로운 단어가 추가되거나 내용이 수정되면 사용자들은 종종 불만을 터뜨린다. 고전적인 한 예는 부사 literally가 "I was literally gutted(나는 말 그대로 처참했어)"처럼 강조사intensifier로 널리 사용되는 현상을 반영하여 literally에 "비유적으로"라는 의미를 추가하려고 했던 경우이다. 2013년 「텔레그래프*The Telegraph*」의 머리기사는 "『옥스퍼드 영어 사전』에 'literally'의 잘못된 용법이 포함되어 있다는 사실이 확인되면, 세심한 독자들은 대소동을 일으킬 것이다"라고 적고 있다.

그런 보도의 기저에는 특정 용법은 틀렸으며, 이렇게 틀린 용법을 사용하지 못하도록 규정하는 일이 사전 편찬학자들의 의무라는 전형적인 믿음이 깔려 있다. 이처럼 소위 잘못된 용법을 허가하는 듯한 인상을 심어주는 사건들 때문에『옥스퍼드 영어 사전』의 편집자들은 스포츠 전문가 및 청소년들의 저급한 수준에 굴복하는 것처럼 받아들여지고는 한다. 스포츠 전문가와 청소년들이 전통적으로 이런 용법을 자주 사용하는 사람들이기 때문이다. 그러나 기사로 보도된 그 사전 수정 작업은 사실 당시 기준으로도 2년 전에 진행된 작업이었기 때문에「텔레그래프」가 예측한 소동은 일어나지 않은 듯하다.

「텔레그래프」의 기사가 간과한 또다른 사실은 이 용법이 "구어체"라는 꼬리표를 수반한다는 점, 그리고 "요즘 가장 흔한 용법 중 하나로서, 종종 literally의 원래 의미를 뒤집기 때문에('비유적 또는 은유적이지 않다'는 뜻) 표준 영어에서는 비정상적이라고 여겨짐"이라는 추가 설명이 있다는 점이다(그림 6).

1961년에 간행된 웹스터의『웹스터 사전*Webster's Third New International Dictionary*』을 둘러싼 격렬한 소동은 기준을 유지해주고 용법을 반영하는 것이 아니라 규정을 만드는 것이 사전의 역할이라는 세간의 견해를 가장 강하게 보여준다. 1961년 판 이전까지,『웹스터 사전』은 특정 단어의 허용 여부를 주석으로 달아주었다. 그러나 1961년 판은 용법을 정하기보다는 중립적인 어조로 보고하는 식으로 쓰였고, 결국 소동이 일어나고 말았다.

이러한 방침의 변화는 미국 언론으로부터 상당한 적대심을 불러일으켰다.「뉴요커*The New Yorker*」는 메리엄웹스터 출판사의 직원이 당시 사전 편집자 필립 고브를 만나러 온 손님에게

"빌어먹을! 호킨스 씨, 내가 문자적으로(literally)
그걸 의미했다고 말한 건 단지 비유였단 말이오."

그림 6 literally 문제

"Sorry, Dr. Gove ain't in"이라고 말하는 장면을 한 컷 만화로 내보냈다. 『웹스터 사전』이 얼핏 ain't라는 단어의 사용을 인정하는 듯한 인상을 주었음을 지적한 것이다. 이 만화는 충격에 찬 머리기사의 집중포화를 불러왔고, 그중에는 "You may have been taught it is uncouth to say 'ain't.' But it ain't(ain't라는 말을 쓰면 상스럽다고 배웠겠지만, 전혀 아니다)"*라는 제목의 기사도 있었다. ain't와 관련된 내용을 둘러싼 언론의 설명 때문에 웹스터 편집자는 자신의 입장을 분명히 하기 위한 성명서를 발표하기까지 했다. 그에 따르면 ain't는 17세기부터 사용되어왔고 1890

---

* 마지막 부분 "전혀 아니다"를 표준 영어식인 It isn't라고 하는 대신 It ain't라고 적어 ain't의 용법을 비꼬는 느낌을 강화한 것이다.

년 이래로 『웹스터 사전』에 등재되어 있었다. 또한 그는 그 용법에 논란이 많다는 사실을 강조하는 추가 용례 설명에 주목하라고 주문하기도 했는데, 그 내용은 "많은 사람들이 마땅치 않게 여김. 교육을 덜 받은 사람들의 대화에 흔히 사용됨. 구어체로는 미국 대부분의 지역에서 교양 있는 화자들도 사용함"이었다.

웹스터 출판사의 이 사전은 광범위한 용례 분석을 토대로 만들어졌고, 수백만 건의 예문들을 인용한다. 그러나 좀더 직접적인 규범에 익숙했던(가령 이전 판에서는 ain't를 "illiterate문맹/무식한 용법"라고 낙인찍었다) 대다수의 미국인들은 자신들이 완전히 틀렸다고 생각하는 용법들을 관용하는 듯한 태도에 매우 실망했다.

이러한 소동을 단지 사전의 기능을 오해하면서 실제로 사용되는 사례들을 인정하고 싶어하지 않은 일부 사람들의 반응이라고 일축하고 싶을 수 있다. 그러나 이는 너무 단순한 생각이다. 『웹스터 사전』은 ain't가 비표준 용법임을 상기하는 설명을 명시적으로 덧붙였지만, 그런 설명은 특히 ain't가 교양 있는 미국인들의 구어체에서도 흔히 발견된다는 주장에 충격을 받은 독자들을 충분히 설득하지 못했다.

이러한 반응은 사람들이 사전을 찾을 때 대개 이런 류의 안내를 원한다는 사실을 보여준다. 즉, 용법에 관해서 제대로 경고를 받지 않으면 분명히 도움을 얻지 못했다고 느끼는 것이다. 이런 입장에 동의하든 동의하지 않든, 또 한 가지 분명한 사실은 대다수의 일반인들은 ain't라는 표현을 인정하지 않는다는 것이다. 『웹스터 사전』에서 자세히 설명하고 있음에도 불구하고 사람들은 40년이 넘도록 ain't를 여전히 올바른 용법이 아니라고 생각한다. 이 단어에 계속해서 낙인이 찍힌다는 사실은 도러시 세이어스의 소설 속 탐정 피터 웜지 경 같은 영국의 상류층 화자들도 ain't를 19-20세기에 자주 사용했다는 점을 감안할 때 특히 놀라운 일이 아닐 수 없다.

1926년 『현대 영어 용법 사전*Dictionary of Modern English Usage*』에서 파울러는 am not I를 자연스럽게 축약한다는 이유로 사람들이 ain't를 못마땅해한다며 실망을 표했다. 파울러는 사람들이 am not I를 쓰며 "부끄러운 얼굴로 망설일" 때에 "자신의 낮은 신분이 드러날지도 몰라서 두렵기는 해도 ain't I를 향한 애정이 있다"는 사실이 드러난다고 지적했다. 여기에서 파울러가 어떻게 ain't와 관련된 우려를 계급이나 성별 문제와 동일시하는지 주목할 필요가 있다. 물론 파울러가 이렇듯 자연스러운 축약 현상이라고 ain't를 지지했음에도 불구하고, 옥스퍼드 출판사의 온라인 사전들은 여전히 독자들에게 ain't는 "표준 영어가 아니기 때문에 격식 있는 글쓰기에서는 사용하면 안 된다"라고 경고하고 있다.

반면 『아메리칸 헤리티지 영어 사전』은 편집자 한 사람의 권위를 따르는 대신 용법 자문단의 전문가적 판단에 의존한다. 200여 명의 작가, 언론인, 편집자, 학자들로 구성된 이 자문단은 발음이나 의미, 용법 문제에 판정을 내린 뒤 사전의 용례로 수록한다. 『아메리칸 헤리티지 영어 사전』의 서문에서 스티븐 핑커는 용법 자문단의 판정을 두고 "용법 자문단은 항상 옳다"라는 대담한 주장을 하면서 이 사전의 정책을 한마디로 요약하고 있다.

이렇듯 저명한 사람들이 모인 자문단의 연합적 권위는 분명 대단할 것이다. 그러나 모든 사전 이용자들이 이 말에 수긍할지는 여전히 의문이다. 자문단의 의장으로서 핑커는 자문단이 어떻게 업무를 수행하는지 잘 아는 위치에 있겠지만, 동시에 자문단이 내리는 판정의 권위를 공정하게 볼 수 있는 위치에 있지는 않은 듯하다.

학계

권위 있는 위원회가 용법에 관한 결정을 해주었으면 하는 욕망의 기저에는 언어학회, 즉 올바른 용법을 판단하고 선언을 해주는 지배 단체가 있으면 좋겠다는 생각이 있다. 그런 학회로는 1635년 리슐리외 추기경이 프랑스어를 위해서 설립한 프랑스어학회L'Académie Française가 있다. 이 학회는 여전히 오늘날 프랑스어를 규제하는 책임을 맡고 있고, "불사조Les immortels"라고 알려진 40명 내외의 학자들의 모임을 통해서 허용 가능한 용법들에 관한 칙령을 발표한다. 실행된 적은 한 번도 없지만, 과거에 영어에도 이와 비슷한 기관을 설립하자는 제안들이 있었다.

1664년, 왕립학회the Royal Society는 영어를 "개선하는" 위원회를 구성했다. 존 드라이든과 존 에벌린을 위시한 위원들은 일련의 회의를 통해서 프랑스에 설립된 것과 비슷한 영어학회를 설립하는 일이 바람직한지, 바람직하다면 그들의 소관 업무는 무엇일지 토론을 벌였다. 논의는 무위로 끝났지만, 학회에 대한 생각은 사라지지 않았다.

1697년 대니얼 디포는 한 에세이를 통해서 학회를 설립하여 "영어를 광택 내고 정제함"으로써 "문체의 순결성과 적절성을 확립하고 무지와 위선이 끌어들인 모든 불규칙적인 부가 사항들로부터 정화해주실" 것을 윌리엄 3세에게 요청했다. 그는 이 학회를 신사 및 귀족 인사들로 구성하고, 그들의 당당한 권위로 허용 불가한 단어들의 형성을 막으며, 혹시 허용 불가한 단어를 만들었을 경우 위조화폐 제작에 상응하는 형벌에 처하도록 하자고 주장했다.

디포의 제안은 「영어의 교정, 개선 및 확립을 위한 제안서Proposal for Correcting, Improving and Ascertaining the English Tongue」1712를 펴낸 조너선 스위프트를 통해서 더욱 지지를 받았다. 스위프트는 영어가 특히 극작가, 궁궐 뜨내기들, 어리석은 시인들, 대학 관계자들, 글깨나 끄적이는 자들 때문에 무수한 "남용과 부조리"로 부패되어가는 데에 반대했다. 그는 자신이 구상하는 학회의 소임이 "중대한 부적절성"으로 오염된 관습과 관행을 무시하라고 권고하고, 마땅히 축출되어야 할 단어들의 뿌리를 뽑아내는 한편 나머지는 바로잡고, 또 사용되지 않는 일부 단어는 다시 회

생시키는 것이라고 주장했다.

스위프트에게 그 학회의 핵심 임무는 영어를 안정화하고 고정시켜서 더 이상 변하지 않도록 막는 일이었을 것이다. 즉 "언어는 끊임없이 변화하기보다는 완벽하지 않은 채 존재하는 편이 낫다"는 것이다. 성취는 별로 없었지만, 이와 유사한 전개가 미국에서도 벌어졌다. 대통령이 되기 전인 1780년 존 애덤스는 의회에 편지 한 통을 썼다. 그 편지는 학회를 설립해서 "영어를 정제하고, 교정하며, 개선하고 확립해야" 한다는 제안을 담고 있었지만, 아무런 호응도 얻지 못했다.

영국에서 제도화된 학회 설립에 가장 근접했던 시도는 1913년에 시인 로버트 브리지스가 설립한 순수영어학회the Society for Pure English일 것이다. 브리지스는 영어 사용자들의 나태함 때문에 야기된 영어의 "진행 중인 부패"를 우려했다. 자신의 생각을 지원해줄 저명한 학계 지지자들을 다수 끌어모은 그는 "사상의 상호 소통"을 위한 하나의 보조 역할로서 영어를 개선하고자 했다. 그러나 문화 간의 화합을 도모하고자 했던 그의 욕망 이면에는 어두운 목적이 있었다. 영어를 불완전하게 습득한 "타언어 인종 공동체들"이 우월한 영어를 감염시키고 훼손해서 야기된 "실수투성이 타락"의 뿌리를 뽑고자 한 것이다. 이렇듯 브리지스의 상반된 목적은 영어를 순화하고 통제하겠다는 시도들이 어떻게 사회적, 윤리적, 인종적 동기와 연관되는지 보여준다. 영어를 순수하게 유지하겠다고 한 브리지스의 진정한 관심은 영어 사용자들의 순수성에 놓여 있었다.

영어를 관할하는 단체가 필요다는 주장은 오늘날에도 계속되고 있다. 2010년에 여왕영어학회the Queen's English Society는 학회를 설립해서 "좋고, 올바르며, 제대로 된 영어의 명확한 기준"을 확립하자고 제안했다. 일부 언론인들은 그러한 목표를 환영했지만, 많은 사람들은 자기들끼리 지명한 위원들의 신뢰도에 의심의 눈초리를 보냈다. 한 예로 데이비드 미첼은 「옵저버*The Observer*」에 기고한 글을 통해서 "무슨 권위로 저들이 판단을 내리는가?"라고 지적한 바 있다.

이런 모든 제안들에는 일부 선택받은 소수의 사람들에게 권위를 부여한 뒤 그들로 하여금 올바른 또는 그른 용법에 대한 선언을 내리도록 하자는 욕망이 공통적으로 내포되어 있다. 그러나 이러한 욕망에는 건강한 영어의 미래라는 공동의 선의에 대한 분명한 관심과 함께 개인적인 동기가 이면에 있기 마련이다. 영국과 영어의 미래에 대한 스위프트의 우려와 제안 역시 면밀히 살펴보면 언어가 변하면서 미래 세대가 자신의 작품을 이해하지 못할지도 모른다는 걱정이 숨겨져 있다. 이런 제안들은 공동의 목표를 옹호하는 듯하지만, 개인의 언어적 편견으로부터 자유로울 수 없고, 따라서 모두가 동의할 만한 언어적 규범에 이를 가능성도 희박하다. 스위프트가 비난했던 궁궐의 발음은 이전 작가들이 하나의 유형으로 인정하고 추천했던 발음이었다.

용법 지침서

사전이 사람들이 원하는 규범적 권위를 제시하지 못하고, 또 저명한 학자들의 학회도 의지할 수 없다면, 어디에서 믿을 만하고 권위 있는 언어적 판단을 찾아야 할까? 사전에 대한 한 가지 대안으로는 용법 지침서usage guides가 있을 것이다. 이 지침서들은 좀더 규범적인 접근법을 채택하고 용법에 대한 논란의 여지가 큰 일부분에 초점을 맞춘다. 하지만 확고부동한 하나의 견해를 찾기 위해서 그런 종류의 지침서들을 들여다보면, 다양한 간행물들에 상반된 조언들이 너무 많이 나와 있는 현실을 깨달을 수 있다.

파울러의 『현대 영어 용법 사전』은 이런 지침서 가운데 가장 성공적이면서 가장 오래가는 책으로, 분명한 규범을 찾는 언어 순수론자들 사이에서 많이 이용된다(그림 7). 파울러는 고전학 교사로 경력을 시작한 뒤 사전 편찬학에 관심을 가지고 『콘사이스 옥스포드 영어 사전Concise Oxford Dictionary』1911 및 『포켓 옥스포드 영어 사전Pocket Oxford Dictionary』1929의 초판을 작업했다. 『현대 영어 용법 사전』은 그가 자신의 동생 프랭크와 공동 집필한 『정통 영어The King's English』1906의 사용 안내서에서 출발한 책인데, 원고의 일부인 "Shall & Will", "하이픈에 대해서", "분리 부정사" 및 "결합 분사" 등은 순수영어학회가 일반 작가들을 위한 소책자 안내서로 간행했던 내용들이었다. 파울러의 접근법은 당시의 규범적 태도를 반영하면서도, 용법의 중요성 혹은 자신

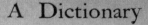

A Dictionary
OF
MODERN ENGLISH
USAGE

BY
H. W. FOWLER

Joint Author of *The King's English*
The Concise Oxford Dictionary
and *The Pocket Oxford Dictionary*

OXFORD
AT THE CLARENDON PRESS
LONDON : HUMPHREY MILFORD
1926

그림 7 궁극적 권위? 파울러의 『현대 영어 용법 사전』 표지

이 "관용어idiom"라고 지칭한 것들의 중요성 또한 의식하고 있었
다(상자 3).

파울러식 접근법의 양면, 즉 관찰하고 기록하려는 욕망과 규

이 책에서 말하는 "관용어"란 어떤 형태든 그 자체로 영국인들이 선호하는 양식으로 확립되고 나아가 그들의 특징이 된 모든 표현을 가리킨다. 이는 해당 개념이 추상적 문법(그런 것이 있다면)의 원리들로 표현되도록 허용했음직한 다른 형태들과는 다르다. "관용어"는 그런 표현 형태들의 총합이며, 따라서 자연스럽거나 짜릿한, 또는 변하지 않는 영어와 같은 말이다. 정상적인 영국인이 말하거나 쓸 때에 자연스러운 것을 관용어라고 지칭한다.

제하고 규정하려는 충동 사이의 줄다리기는 계속되고 있다. 파울러 역시 자신의 작업의 중심에 역설적인 측면이 있다는 사실을 잘 알고 있었는데, 이는 that과 which의 설명에서 잘 드러난다. "문법학자들의 규정은 실제로는 심지어 그들 가운데 온건파들이 생각하는 것보다도 영향을 덜 미칠 것이다. 용법이란 문법학자들의 기호에 맞추어 좌지우지되기보다는 그 자체로 변화하기 때문이다. 하지만 눈앞의 자료들이 어떻게 하면 더욱 훌륭하게 쓰일 수 있는지 보여주고 싶은 유혹은 종종 떨쳐내기가 어렵다."

자신의 규범들이 미래의 언어 활동에 거의 영향을 미치지 못할지도 모른다는 파울러의 의구심은 역사 속에서 부분적으로 입증이 되었다. 앞에서 논의한 literally에 대한『옥스퍼드 영어 사전』의 수정 내용에서 알 수 있듯이, 현실은 용법상의 오류를 제약하려던 파울러의 시도와 정반대 방향으로 향하고 있기 때문이다.『옥스퍼드 영어 사전』수정본에는 "강조사로 사용되는 literally와 관련하여 우리가 어느 지경까지 왔는가 하면, 'not literally, of course, but in a manner of speaking(문자 그대로는 물론 아니고 굳이 말하자면)'과 같은 좀더 강한 표현을 넣어야 함에도 불구하고 우리가 거부해야 마땅할 그 단어 literally를 주저함 없이 넣고 있다"라고 써 있다.

비록 실패했지만, 그럼에도 파울러가 다양한 논란을 환기시켰다는 점은 다시 주목할 필요가 있다. 가령 will과 shall, different from과 different to, owing to와 due to 등의 구분은 여전히 사람들의 영어 사용에 영향을 미치고 있다.

파울러의 용법 지침서는 어니스트 가워스의 수정하에 1965년 제2판이 출간되었고, 1996년에는 버치필드의 편집으로 좀더 혁신적인 개정판이 나왔다.『옥스퍼드 영어 사전』의 전직 편집자였던 버치필드는 파울러의 작업에 기술적 접근법을 적용했고, 기존의 많은 규범들을 선례에 비추어 재구성했다. 버치필드의 지나칠 정도로 관대한 태도에 실망한 다수 논평가들은 제3판을 강하게 비판했다. 논평가들은 이미 널리 퍼진 오용의 사례들을 수동적으로 받아들인 것은 직무 유기이며, 버치필드가 오늘의 잘못들이 내일 허용되리라고 예측하기보다는 옳은 용법을 지키기 위해서 싸워야 했다고 생각했다. 한 논객은 미국 잡지『뉴 크라이티리언*New Criterion*』에 실린「철저하게 현대적인 버치필드

Thoroughly Modern Burchfield」에서 "버치필드가 지금 엉터리라고 증명되기보다는 미래에 틀렸다는 사실을 입증당하는 편이 더 좋을 것 같다. 만약 지금 세상의 버치필드들이 좀더 용기 있게 전투적인 태도를 취하면 미래는 아예 달라질지도 모른다"라고 말하기도 했다.

제러미 버터필드가 편집하여 최근에 간행한 파울러의 『현대 영어 용법 사전』 제4판2015은 그 저서의 지속적인 인기와 규범적 접근법의 시장성을 동시에 입증해주었다. 지침서 자체는 다양한 용법을 둘러싼 여러 가지 태도들을 합리적으로 설명하지만, 「가디언The Guardian」에는 보다 편파적인 입장을 취한 홍보 기사를 내보낸 것이다. 이 기사에서 버터필드는 철자 h를 "haitch"라고 발음하는 사람들에 대해 격분하면서 "알파벳의 여덟 번째 글자는 'aitch'라고 발음한다. 믿기지 않으면 사전을 찾아보라. 발음란에서 'h' 소리를 찾을 수 있는지 내기하자. 보아하니 1980년대 이후에 태어난 사람들이 이 발음을 선호하는 듯한데, 젊음이 문맹에 대한 변명은 아니다"라고 쓰고 있다.

그러나 실제로 버터필드의 조언에 따라 그가 직접 편집한 사전에서 "haitch"를 찾아보면, 철자 "h"를 "haitch"로 발음하는 것이 오랫동안 영국 방언에서 완벽하게 허용 가능한 일로 여겨져 왔다고 명시적으로 인정하고 있다. 설명에 따르면 공인 발음received pronunciation, RP을 따르는 노년층 화자들에게는 이 발음이 "이루 말할 수 없이 상스럽다"고 여겨지지만, 이는 단지 그들의 편견과 무지를 인정하는 일에 불과하다. 그들은 지방 방언을 자신들의 언어보다 열등하다고 여길 뿐이다.

규범적인 용법 지침서는 미국에서 좀더 장수했는데, 파울러의 책에 견줄 만한 미국 서적으로는 스트렁크와 화이트의 『영어 글쓰기의 기본*The Elements of Style*』이 있다. 1920년에 윌리엄 스트렁크 주니어가 처음 출간한 저서에 기반을 둔 이 책은 1959년에 화이트(어린이들이 좋아하는 『샬롯의 거미줄*Charlotte's Web*』 및 『스튜어트 리틀*Stuart Little*』의 저자)에 의해서 개정증보된 것이다. 이 책은 세 번에 걸쳐서 개정되었고 처음 출판된 이후 1,000만 권 이상 판매되었다. 2011년 「타임*Time*」은 1923년 「타임」 지가 창간된 이후 출판된 비소설 분야의 가장 영향력 있는 도서 100권 목록에 스트렁크와 화이트의 책을 올렸다. 이 책은 심지어 영국에서도 장수를 누리고 있다. 절반 정도가 원작 『영어 글쓰기의 기본』의 내용을 그대로 재인쇄해서 내놓은 『권의 문법*Gwynne's Grammar*』2013이 최근에 거둔 성공을 보면 그 인기가 여전하다는 사실을 확인할 수 있다.

용법 지침서들의 공통된 특징은 고작해야 개인의 호불호를 토대로 일단 내뱉고 아니면 마는 식의 규범을 내놓는 경향이 있다는 점이다. 이러한 개별적 판단 때문에 권위자들마다 선언하는 내용이 달라지는 일 역시 흔하다. 이 경우 우리는 누가 옳은지 어떻게 정해야 할까?

그런 불일치의 한 예로 여러 요점을 나열하면서 사용하는 부사 first와 firstly의 선택 문제를 살펴보자. "first break the eggs, secondly add the sugar, thirdly beat the mixture"라고 해야 할까, 아니면 "firstly break the eggs……"라고 해야 할까? 파울러는 firstly를 선호하지만, 누군가 first를 고집한다고 해도 그것은 "자신들이 이상해서 이상한 것을 좋아하는 사람들이 자유롭게 탐닉할 수 있는 무해한 세심함으로, 자신들이 좋아하는 것을 함께 좋아하지 않는다고 검열하려 들지만 않는다면" 상관하지 않겠다는 듯 관대하게 기술하고 있다. 반면 firstly, secondly, thirdly라고 말하면 대구가 생겨서 논리적으로 보임에도 네빌 권은 파울러가 first의 사용을 가벼이 여긴 것을 "말도 안 된다"고 반대한다. 그는 다른 권위자를 보라고 지적하며 에릭 패트리지의 『용법과 오용*Usage and Abusage*』1942을 언급하는데, 거기에는 단정적으로 "secondly, thirdly가 뒤따라온다고 해도 firstly는 first보다 열등한 표현이다"라고 써 있다.

이러한 논쟁에는 통상 다른 권위자들과 입장이 반대일지라도 자신이 옳다는 절대적인 확신이 깔려 있다. 권이 종종 파울러에게 하듯, 이는 평소에는 존경한다며 추켜세우던 권위자들도 마찬가지이다. 그런 논쟁의 핵심에는 두 가지 이상의 가능성이 있을 때 올바른 형식이란 단 하나뿐이라는 믿음이 있다. 하지만 이런 가정에는 의문이 제기될 수 있다. first가 완벽하게 옳다고 해서 꼭 firstly가 틀려야만 할까? first와 firstly 모두 동등하게 허용 가능한 변이형이 될 수는 없을까?

원문

허용 가능성을 판단하는 또다른 기준은 실제 용례에 의존하는 방법이다. 존슨 박사는 인용문을 통해서 자신이 정의한 단어의 용법을 보여준 첫 번째 사전 편찬자였다. 스스로도 인정하듯 그는 인용문을 발췌할 원전을 선택할 때에 규범적인 태도를 취했다. "진정한 말씨로 된 순수 원전"을 유지한다고 생각되는 작가들로 국한시키기를 좋아했던 것이다.

단어 authority와 author의 밀접한 관계에 주목한 존슨은 올바른 용법이란 셰익스피어, 밀턴, 스펜서와 같은 위대한 문학 작가들의 사례를 토대로 해야 한다고 믿었다. 어떤 문학적 권위자를 선택할지는 존슨 스스로 결정했다. 그는 이미 확립된 정전 목록을 중심으로 작업했지만, 색다른 방식을 통해서 자신의 주관을 반영하기도 했다. 사전 편찬자로서 자신의 판단을 객관적인 권위에 토대를 둔 것처럼 보이도록 하기도 한 것이다.

그러나 이용자들 가운데 다수는 존슨 박사의 사전이 자신들이 원하는 권위를 보장해준다고 생각했다. 출판 직후에는 존슨을 마지못해 후원하던 체스터필드 경도 스스로를 전적으로 그 사전의 판단에 맡기면서, 다음과 같이 말했다. "선언하노니 자유인으로 태어난 영국 신하로서 영어에 대한 나의 모든 권리와 특권을 앞에서 말한 존슨 씨가 봉직하는 동안 전적으로 내려놓노라." 물론 존슨 박사의 사전을 이용한 사람들 모두가 그렇게 복종적이지는 않았다. pastern을 "말horse의 무릎"이라고 잘못

정의한 것과 관련해 한 여성으로부터 항의를 받자, 존슨은 "무지, 순전한 무지" 때문이었노라고 인정할 수 밖에 없었다(정확하게 따지자면 pastern은 구절fetlock과 말굽 사이에 있는 부위를 일컫는다).

그러나 그 사전을 가장 통렬하게 비판한 사람은 존슨 자신이었다. 권위 있는 용례들을 기반으로 작업했음에도 불구하고, 그는 자신의 사전이 영어의 순수성을 지킬 잠재력이 있는지에 대해서 여전히 회의적이었다. 영어를 고정시키고 더 이상의 변화를 방지하겠다는 희망으로 사전 작업을 시작한 그는 나중에 "음절을 사슬로 묶고" "바람을 채찍질하려고" 했노라고 말하며 스스로의 어리석음을 개탄했다.

『옥스퍼드 영어 사전』의 제1판(『역사 원리 기반 새 영어 사전 *The New English Dictionary on Historical Principles*』이라는 제목으로 출판되었고 1884년부터 1928년까지 소책자 시리즈로 나왔다)은 역사 사전이라는 점에서 이전에 나온 사전들과는 달랐다. 당대의 용법을 단순히 기록하기보다 영어 어휘의 역사를 고대 영어부터 현재까지 나열하고자 했던 이 사전은 각 어휘 설명부에 원전에서 인용한 다수의 예문들을 포함했고, 철자, 의미, 용법의 변화를 예시와 함께 시대별로 보여주었다. 이처럼 방대한 역사를 다룰 수 있었던 것은 광범위한 자원봉사 읽기 프로그램의 노력 덕분이었다. 1879년 편집자 제임스 머리는 영어로 말하고 영어로 글을 읽는 대중을 대상으로 호소문을 발표하면서, 다양한 분야의 간행물에 나타나는 개별 단어들의 예문들을 제출해달라고 요청했다. 이 요청으로 그는 영국에서 약 800여 건, 미국에서 500여 건의 응답을 받았다. 응답자들 중에는 저명한 학자들도 있었지만, 은퇴 군인, 교사, 성직자, 주부, 그리고 가장 왕성한 집필자 가운데 한 사람으로 유죄 판결을 받은 살인자이자 브로드무어 정신병원의 입원 환자였던 마이너 박사도 있었다. 자원봉사자들이 제1판이 출간될 때까지 보내온 총 인용문의 수는 100만 건이 넘었다.

　이로써『옥스퍼드 영어 사전』은 존슨 박사의 사전보다 훨씬 포괄적인 범위를 다루게 되었지만, 그 내용은 여전히 제한적이고 부분적일 수밖에 없었다. 더 중요한 문제는『옥스퍼드 영어 사전』으로 인해서 위대한 문학가들의 명성이 영구화되었다는 점이다(셰익스피어의 경우 예문을 넣기 위해서 작품들이 남김없이 채굴되기까지 했다). 셰익스피어, 초서, 밀턴은 영문학의 근간을 이룬다고 여겨졌기 때문에,『옥스퍼드 영어 사전』이 그들의 작품들을 완전히 기록해야 한다는 독자 및 편집자들의 믿음은 자연스러워 보였다. 이런 절차의 타당성은 완성된 사전을 보면 일견 인정이 된 것처럼 보이는데, 실제로 셰익스피어와 초서가 다수의 혁신적 용법들을 최초로 쓴 작가로 등장하기 때문이다. 하지만 이는 순환논리적 사고이다. 그들의 작품이 편찬작업에서 특별한 취급을 받은 결과 그 사전은 불가피하게 그들 작품의 언어적 중요성을 인정해야만 했던 것이다.

현재 판매 중인 제3판(분할해서 온라인으로 출판했다)은 훨씬 더 다양한 글을 활용한다. 지금도 자원봉사 읽기 프로그램이 이어지고 있기는 하지만, 그와 동시에 편집자들은 거대한 전자 말뭉치electronic corpus, 즉 전자 형태로 되어 검색이 가능한 텍스트 모음 자료에도 의존하고 있다. 이 말뭉치의 규모는 현재 25억 단어에 육박하며, 문학 작품, 잡지, 신문, 정기 간행물, 블로그, 웹사이트 및 이메일까지 포함하는 다양한 장르와 매체를 망라하는 텍스트로 구성되어 있다. 또한 이전 판이 영국 영어에 초점을 맞추었던 반면 옥스퍼드 말뭉치는 영어를 사용하는 세계 전 지역에서 모은 자료를 포함한다.

그럼에도 불구하고 사전에서 주요 작품의 작가들을 특별 대우하던 전통은 지금까지 강하게 이어지고 있다. 2000년 이후 앞에서 말한 대규모 사전 수정 작업이 진행되고 있지만, 그림 8에서 볼 수 있듯이 여전히 셰익스피어가 (「타임스The Times」 다음으로) 두 번째로 많이 인용된 작가이고, 초서는 6위, 밀턴은 7위에 올라 있다.

위대한 문학 작가를 중심으로 이루어진 작품 목록의 중요성은 오늘날에도 올바른 용법에 대한 논의에 영향을 미치고 있다. 이렇듯 선례에 의존하는 경향은 특정 용법을 인정할지 배제할지에 대한 권위 있는 근거를 찾으려는 작가들 사이에서 여전히 흔하게 볼 수 있다. 특히 흔한 경우가 바로 두 편의 영어 걸작으로 알려진 셰익스피어의 작품과 권위역 성경1611에 의존하는 것

Top 1000 sources in the OED

◄ The top one thousand authors and works cited in the OED

The Sources page provides details about the most frequently quoted authors or works in the OED.

Search for an author or title using the search box, or select an author name or work title for more information and links to dictionary entries.

Sources can be sorted in various ways by selecting the column headings.

Get more help.

Search within top 1000 sources [Enter search] [GO]

Click a column header to change the sort order of the table; click again to reverse sort.

	Name	Dates	Total number of quotations	First evidence for word	First evidence for sense
1.	Times	1788–	39964	1684	7724
2.	William Shakespeare	1564–1616	33119	1523	7792
3.	Walter Scott	1771–1832	17084	450	2148
4.	Philosophical Transactions	1665–	15514	1985	5414
5.	Encyclopaedia Britannica	1768–	14304	880	2917
6.	Geoffrey Chaucer	c1340–1400	13403	1990	5415
7.	John Milton	1608–1674	12406	569	2035
8.	Cursor Mundi	a1400–1450	11788	1050	3241
9.	Nature	1869–	11662	722	1983

그림 8 『옥스퍼드 영어 사전』 제3판에 인용된 원전 목록

이다.

「정치와 영어」에서 조지 오웰은 당대 산문의 문체를 권위역 성경의 문체와 대조하면서 풍자했다. 현대 작가들이 다음절 외래어polysyllabic loanwords를 지나치게 많이 사용하고 있다는 사실을 보여주기 위해서 오웰은 직접 패러디해서 현대 영어로 적은 내용과 권위역 성경 구절을 나란히 제시하기도 했다(상자 4).

한편 베스트셀러 『걸어 다니는 어원 사전Etymologicon』의 저자 마크 포사이스는 보다 익살스러운 방식으로 논란이 되는 용법의 허용 가능성을 결정하는 두 가지 방법을 제안했다. 바로 SWANS 검증법Sounds Wrong to a Native Speaker과 GAS 검증법God and Shakespeare인데, 그중 후자는 해당 표현이 셰익스피어 작품이나 권위역 성경에 나오는지에 따라서 허용 여부를 결정한다.

셰익스피어 및 권위역 성경을 토대로 현대의 용법에 판단을 내리고자 하는 시도는 이 글들이 17세기 초반에 작성되었다는 사실을 고려하지 않는다. 표준 영어에서는 doth, ye, thou, methinks와 같은 말들을 사용하지 않으므로, 이러한 텍스트는 현대 영어 용법의 왈가왈부를 정하는 일과 무관해 보인다.

셰익스피어의 언어가 창의적이고 혁신적이기는 하지만, 현대 영어에서는 허용될 수 없는 단어나 관용구를 많이 만든 것 또한 사실이다. 한편 권위역 성경은 3인칭 단수 현재시제 동사에는 "-eth" 어미를 유지하고, "If the salt have lost his savour(소금이 그 맛을 잃으면)"에서 볼 수 있듯 its 대신에는 예전 형태인 his를 사용하는 등 의도적으로 눈에 띄게 보수적인 언어 형태를 채택하고 있다. 처음 읽는 사람조차 이러한 방식에서는 구식 표현이라는 인상을 받을 것이다.

셰익스피어의 용법이 오늘날처럼 항상 권위가 있었던 것은 아니다. 18세기의 편집자들은 셰익스피어의 문장을 정석으로 보지 않고 당시 문법 기준에 맞게 고쳐 썼다. "To some more fitter place(『자에는 자로 *Measure for Measure*』)", "This was the most unkindest cut of all(『줄리어스 시저 *Julius Caesar*』)" 등에서 볼 수 있듯 셰익스피어는 이중비교급과 이중최상급을 자주 사용했는데, 18세기 문법학자들은 이 구문들을 논리를 근거로 비난했다. 비교급과 최상급의 정도를 다르게 부를 수가 없기 때문에 그런 구문은 틀렸다는 것이었다.

　시인 겸 극작가 존 드라이든은 셰익스피어나 벤 존슨 등 소위 유명 작가들의 작품에서 볼 수 있는 문법적인 엉성함에 특히 강한 비판을 퍼부었다. 그에 따르면 모든 페이지마다 "말실수" 혹은 "악명 높은 의미의 흠결"이 들어 있었다. 알렉산더 포프를 비롯한 18세기 편집자들은 셰익스피어가 이러한 구문을 사용했다는 사실을 허용 가능성에 대한 증거로 받아들이기보다는 그것들을 아예 제거해버렸다. 가령 포프의 글에서는 "더 적절한 곳으로", 또는 "이것은, 이것은 가장 모욕적인 편집이다"라는 문장들이 발견된다.

논리학

역사적 용례보다 논리를 우선시한 18세기의 현상은 오늘날의 일부 문법학자들에게도 호소력을 유지하는 듯하다. 『권의 문법』 서문에서 권은 자신이 규범들을 만들면서 스스로의 판단뿐만 아니라 논리에도 의존했다고 밝히고 있다. 권에게 영어 문법이란 다음과 같은 것이었다. "(a) 우연히 수 세기 동안 쌓이거나 (b) 우연히 역사상 이 시점에 지금의 형태로 존재하게 된 규칙들의 무분별한 총합이 아니다. 그 규칙들의 기저에는 항상 논리가 있다." 앞에서 살펴보았듯이, 논리를 적용해서 옳고 그름을 결정할 수 있다는 생각은 결코 새로운 것이 아니다. 그러나 과연 그것이 언어에도 적절히 적용될 수 있을지에 대해서는 의문의 여지가 있다.

　문법 현상들 가운데 비논리적이라는 낙인이 찍힌 사례로는 이중부정 현상이 있다. 이 용법을 반대하는 사람들은 의도한 것과 정반대를 시사하기 때문에 "I didn't get no answer"와 같은 구문은 명백히 틀렸다고 주장한다. 즉, 아무런 답도 안 받지 않았다는 것은 답을 받았다는 말이라는 것이다. 사이먼 헤퍼는 저서 『영어식 영어*Strictly English*』2011에서 "이중부정을 피하라. 그것은 논리에 어긋나며, 웃기려는 시도였다고 해도 뜻대로 되지 않을 것이다"라고 조언한다.

　실제로 논리 혹은 수학의 규칙으로 따지면 2개의 부정은 긍정을 만들기 때문에 이 주장은 타당하다. 그러나 과연 그런 구조를 언어에 적용하는 일이 적절하다고 볼 수 있을까? 물론 "I didn't steal no car"라는 문장을 자백으로 받아들이는 사람은 없을 것이다. 이중부정의 사용은 그저 강조를 위한 것, 실제 화자의 의도대로 혐의를 강하게 부인하는 것으로 이해될 것이다. 롤링 스톤스의 믹 재거가 "I can't get no satisfaction"이라고 노래하는 것을 들으면서 "글쎄, 완전히 만족했다면 뭘 불평하지?"라고 반응하지는 않듯이 말이다. 대개는 이를 불만족에 대한 강조로 이해한다.

　인간의 언어는 모든 값이 플러스이거나 마이너스인 컴퓨터 언어와 다르다. 인간의 언어는 단순한 이진법 체계에서 취할 수 있는 값들보다 훨씬 복잡한 정도의 차이를 허용하기 때문이다. 수학적 모델이 인간의 언어에 맞지 않는다는 사실은 삼중 부정 문장을 보면 알 수 있다. 만약 이중부정이 서로의 값을 취소한다면 삼중부정 문장은 부정의 값이 될 것이다. 그렇다면 삼중부정의 세 가지 부정 중 무엇이 남는다고 보아야 할까? "I didn't tell nobody nothing"이라는 문장을 보자. 이 문장의 뜻은 "I told somebody nothing"일까, 아니면 "I didn't tell somebody something"일까?

논리를 기반으로 만들어진 규범들이 으레 그렇듯, 이중부정이 비논리적이라는 견해 역시 18세기에 도입된 인위적인 규칙이다. 이 규칙이 처음 등장한 제임스 그린우드의『실용 영어 문법*An Essay Towards a Practical English Grammar*』1711에는 다음과 같은 말이 있다. "2개의 부정, 또는 거절의 부사 2개는 영어에서 긍정이된다." 이런 글이 흔히 그렇듯 이 주장은 근거가 없고, 관행이나 전통에 기반을 두지도 않았다. 이렇게 말할 수 있는 이유는 이중부정이 고대 영어 시대부터 자주 사용되어왔기 때문이다. 아주 유명한 사례로, 제프리 초서의『캔터베리 이야기*Canterbury Tales*』는 작품 속 기사에 대해 "nevere yet no vileynye [evil] ne sayde……unto no maner wight [person]"이라고 기술했다. 이 예문에 부정이 4개(nevere, no, ne, no)나 있기 때문에 규범론자는 초서가 그 기사의 무례함을 보여주고자 한다고 주장하고 싶을지 모른다. 그러나 한눈에 알 수 있듯이 이 문장은 그런 의미가 아니라, 부정을 점증적으로 쌓아서 그 기사의 언어적 순수성과 훌륭한 예의범절을 드러내려는 의미이다.

　이는 영어가 유별나서 생기는 현상이 아니다. 강조의 한 형식으로 다중부정을 쓰는 경우는 다른 언어에도 있다. 가령 프랑스어 문장 "je ne veux rien"에는 부정 ne와 rien("nothing")이 함께 있으며, "I don't want nothing"으로 번역된다.

　드라이든이나 포프가 이중비교급과 이중최상급을 사용하는 셰익스피어에 반대했다면, 현대의 영어 용법 전문가들은 논리를 근거로 들며 perfect나 unique 같은 단어를 정도형용사 gradable adjecctive로 처리하지 못하게 한다. 가령 파울러는 "무엇이든 more, most, very, somewhat, rather 또는 comparatively unique라고 부르는 것은 말이 안 된다"라고 주장했고, 킹즐리 에이미스 역시 『정통 영어The King's English』1999에서 이런 "오용"을 비난하면서 정도형용사를 "글 좀 아는 이들 사이에는 악명 높은" 예라고 언급했다. 사이먼 헤퍼도 이에 동의하면서 "어떤 것이 more unique하다거나 세상에서 most unique하다는 말은 문자 그대로 무의미하다. almost unique 또는 nearly unique라는 말도 마찬가지로 얼빠진 말이다. 그냥 unique하거나 아니거나 둘 중 하나이다"라고 말했다.

　unique가 수학적으로는 정확하게 "유일한"이라는 핵심 의미를 가지고 있고, 라틴어 unus("one")에서 파생된 것은 사실이다. 그러나 이 단어는 제2의, 좀더 느슨한 의미의 "비범한unusual"이라는 뜻으로도 흔히 사용된다. 주된 의미인 "유일한"에서는 유일성의 정도 차이가 있을 수 없지만, "unusual"이라는 뜻으로는 좀더 유일하다거나 덜 유일하다고 쓰는 것 역시 완벽하게 허용 가능하다.

어원

옳고 그름을 논리학으로 구별할 수 없다면 어떻게 결정해야 할까? 한 가지 방법은 역사를 통해서 정의하는 것, 즉 더 오래되어 이미 확립된 용법이 새로운 형식보다 더 옳다고 보는 방법이다. 이는 분명히 etymology어원라는 단어를 만든 고대인들의 견해였을 것이다. 고대인들은 그리스어 etumos("true")에서 파생시켜 etymology라는 단어를 만들었는데, 이는 어떤 단어의 주된 혹은 진짜 의미를 지칭하는 데에 쓰였다. 그러나 이런 개념을 오늘날 흔히 사용되는 대다수의 단어에 적용하려고 하면 엄청난 혼란이 생길 것이다. 가장 처음의 기록에 따르면 silly어리석은는 "독실한"을, nice좋은는 "어리석은"을, buxom풍만한은 "순종적인"을 의미했다고 하니 말이다.

사전 작업을 시작할 무렵 존슨 박사 역시 한때 이러한 접근법에 매료된 적이 있다. 그는 어원을 가리켜 어떤 단어의 "자연스러운 원시적 의미"라고 부르기도 했다. 하지만 추후의 경험을 통해서 그러한 접근 방식에 오류가 있음을 깨달았는데, 이는 그가 자신의 사전 속 etymology의 설명에 포함한 내용을 보면 분명해진다. "단어가 일상적인 용법 때문에 특정 의미로 제한된 상태에서, 어원을 찾아 사전적으로 해석하려 드는 것은 형편없이 우스운 일이다." 이러한 관점의 한계는 파울러 또한 알고 있었던 듯하다. 그는 어원은 그 자체로 재미있는 연구 분야이지만, 단어들이 오늘날 어떻게 사용되어야 하는지를 이해하는 수단으로서는 타당하지 않다고 말했다.

반대로 여전히 이런 방식을 장려하는 용법 전문가들도 있다. 그들은 aggravate악화시키다, decimate10퍼센트씩 줄여나가기, dilemma두 명제 사이의 선택, chronic만성적인 등과 같은 단어의 어원적 의미를 보존해야 한다고 주장한다. 오늘날의 전문가들은 소위 "오용 사례"가 현대의 엉성함 때문이라고 주장한다. 그러나 증거를 찾아보면 그것들이 아주 오래 전부터 자리를 잡고 있었음을 알 수 있다. 가령 "irritate짜증나게 하다"의 의미로도 사용되는 aggravate라는 단어의 용법은 최초 기록이 16세기까지 거슬러 올라간다.

이런 제약을 실행하기가 힘들다는 점은 심지어 그런 의미적 제약의 옹호자들조차 이를 준수하기 어려워한다는 사실을 통해서 더욱 분명해진다. 사이먼 헤퍼는 『엄밀한 영어』에서 규칙들을 강하게 고집하고, 규칙을 어기는 사람들을 조롱한다. 가령 enormity의 용법과 관련해서는 "enormity는 무엇인가 좋지 않은 것, 정도를 벗어난 것을 의미하며 단순히 큰 것을 뜻하지 않는다. 따라서 업무의 과중함을 말할 때에는 enormity보다 enormousness라고 해야 한다. 설령 미국 대통령이라고 해도 말이다"라고 썼다. 이는 버락 오바마가 2008년 대통령 당선 수락 연설에서 자신에게 닥친 업무의 과중함을 가리켜 겸손하게 한 말을 두고 용법 감시꾼들이 비난을 쏟아부을 당시에 대한 언급이다. 그러나 그 역시 토머스 칼라일의 전기 『도덕적 무법자*Moral Desperado*』를 쓰면서는 "그는 자신의 첫 대규모 문학 프로젝트인 실러의 일생에 대한 작업을 막 시작하려 할 때 그 일의 과중함the enormity of the task에 압도당했다"라는 문장을 썼다. 사이먼 헤퍼의 사례는 기준이란 감독하기는 쉽지만 준수하기는 어렵다는 사실을 단적으로 보여준다.

여기에서 옳은 사람은 누구일까? 용법 전문가로서의 헤퍼일까, 아니면 작가로서의 헤퍼일까? 증거로서의 어원에 집착하면, 상황은 종종 명료해지기보다는 오히려 불명확해진다. enormity와 enormous는 동일한 라틴어 어근 ex("out of")과 norma("norm, rule")에서 왔고, 프랑스어 단어 énormité를 통해서 영어로 유입되었다. 18세기까지만 해도 두 단어 모두 "abnormal", "non-standard", "irregular"의 뜻으로 행위 또는 규모를 지칭했다. 그런데 바로 그 시기에 인위적인 구분이 도입되어서 enormity와 enormousness를 갈라놓았다. 따라서 이 구분은 역사적 권위는 있을지언정 단어의 어원까지 거슬러 오르지는 못한다. 인위적인 규칙을 만들어 용법을 규제하고자 한 18세기의 산물이기 때문이다. 따라서 어원으로 판단한다면, 규모를 지칭하는 enormity의 용법이 옳은 만큼 중대한 사악함great wickedness을 지칭하는 enormous의 용법도 다 완벽하게 허용이 가능하다.

기술 아니면 규범?

이 장에서 주로 다루는 기술적 접근법과 규범적 접근법 사이의 갈등은 쉽게 해결될 문제가 아니다. 사전 편찬학자들은 자신들이 만드는 사전을 올바른 용법을 안내하는 지도서로 보면 안 된다고 계속해서 주장하지만, 많은 사람들이 바로 그 용도로 사전을 사용한다.

권위를 포기한다고 선언하기는 하지만, 사전 제작자들은 사전 시장의 상업적 가치를 잘 알고 있다. 『옥스퍼드 영어 사전』 제3판의 서문에서 편집자는 이 사전이 모든 영어 단어와 그 의미를 포괄적으로 설명해주리라는 편견을 버리라고 요구한다. 그런 설명은 실제로 불가능하기 때문이다. 그러나 정작 이러한 편견이 어떻게 계속 퍼져나가는지는 『옥스퍼드 영어 사전』 홈페이지의 "영어의 최종적인 기록"이라는 홍보 문구를 보면 이해할 수 있다.

사전 편찬자들은 널리 사용된다는 사실을 근거로 새로운 단어들을 사전에 포함해야 한다고 합리화하기도 한다. 그러나 논란이 많은 신조어를 넣어서 사전을 개정하면 일상적인 단어를 넣었을 때보다 기사거리가 될 확률이 훨씬 높다. 2014년 『콜린스 영어 사전』은 최초로 차기 개정판에 어떤 단어들을 넣으면 좋을지 트위터 이용자들에게 투표를 받아 adorkable이라는 단어를 포함하기로 결정했다. 그렇다면 이것은 사전 편찬자들로부터 사전 이용자들 쪽으로 권위가 이전되었다는 증거일까? 아니면 온라인상에서의 존재감을 확장하여 홍보 효과를 누리려는 영리한 마케팅 전략의 일환에 불과할까?

독자들의 손에 권위를 쥐어주는 것은 "위키 낱말 사전Wiktionary"이나 "어번 딕셔너리Urban Dictionary" 같은 온라인 사전들의 특징이다. 이 사전들에서는 이용자들이 단어의 정의나 용례들을 제공하며, 나아가 어떤 단어들을 포함시킬지도 선택한다. 현대 종이 사전들은 현재 쓰이는 용법을 사실대로 보고하는 식의 중립적인 정의를 제공하고자 하는 반면, "어번 딕셔너리"에는 종종 사용자들의 주관적이고 개인적인 편견이 반영되어 있다. 가령 "어번 딕셔너리"의 adorkable 항목은 "최고로 멋진 사내들! 괴팍하기는 해도 아주 귀엽고 멋져서 매력적인 사내. 자기 주장을 거침없이 하면서 대개 친절하고, 영리하고, 일단 가까이 지내게 되면 최고의 유머 감각을 가졌다는 사실을 알게 됨. 무엇보다 여자에게 잘하고 여자를 제대로 앎. 컴퓨터가 고장 났을 때 옆에 있으면 특히 좋음"이라며 개인적인 견해를 솔직하고 장황하게 설명하고 있다.

이런 식의 정의는 개인의 견해나 편견을 대놓고 쓰는 존슨식 접근법으로 돌아간다. 한 예로 존슨은 patron을 정의하면서 후원을 지체하는 체스터필드 경을 노골적으로 비꼰다. "지지, 후원 또는 보호하는 사람. 보통은 무례하게 후원하고 그 대가로 아첨을 받는 비열한 인간."

이렇듯 주관적인 정의라는 사실이 바로 드러나는 경우가 있는 한편, 편파성을 포착하기가 좀더 어려울 때도 있다. 권위나 역사를 언급하며 합리화하는 경우가 특히 그렇다. 그러나 유일무이한 언어적 권위란 존재하지 않기 때문에 권위나 역사를 언급하면서 개인의 편견이 약간이라도 끼어들지 않는 것은 거의 불가능한 일이다. 언어의 역사나 "진수genius"를 언급하며 설명하는 일도 실패할 수밖에 없기는 마찬가지이다. 역사를 운운하는 일은 오늘의 규칙이 이전 시기 영어 역사에서 확립된 규범적 결정의 결과물이라는 사실을 인정하고 싶지 않다는 것이기 때문이다.

they를 단수 대명사로 사용하는 데 반대하는 일부 사람들은 남성 대명사 he로 여성 대명사 she를 대신할 수 있다며 역사를 들먹이면서 정당성을 호소한다. 사이먼 헤퍼는 이러한 "혐오스러운" they의 용법을 "지난 세기경에 나타난 최근의 유행"으로 간주하면서, "남성형은 필요하면 어디에서나 여성형을 포함한다고 여겨진다"는 옛날 규칙을 고집한다. 그러나 헤퍼는 이러한 they의 용법을 정치적 판단의 압박이 언어에 가한 최신식 문맹 현상으로 몰아감으로써(그것도 인용부호 속에 넣어서 마치 무명의 권위 있는 원전에서 가져온 듯한 느낌을 주면서), 언어적 증거를 와전하고 있다. 사실, 미결정 성별indeterminate gender의 단수 물체를 가리킬 때 사용하는 they, their, them의 용법의 역사는 중세까지 거슬러 올라갈 수 있고, 셰익스피어를 비롯한 다수의 정전 작가들도 사용했다.

단수 they의 사용을 금지하자는 헤퍼의 입장은 남성을 예외 없이 중립으로 취급하던 19세기 남성 중심 언어적 규범의 결과이다. 이렇듯 과거에 만들어진 문법 규칙을 아무런 의심 없이 받아들이면 그에 따라오는 암묵적인 편견과 가정도 함께 받아들이게 된다.

토머스 윌슨의 주장은 좀더 극단적인 경우이다. 그는 문법 지침서 『수사학의 예술*Arte of Rhetorique*』1553에서 남성 주어는 항상 여성 주어 앞에 씀으로써 "자연 질서"를 유지해야 한다고 주장하면서, "마차를 말 앞에 놓는 이들도 일부 있고, 또 그럴 수도 있겠지요. 하지만 나도 어머니, 아버지 두 분이 모두 집에 계시고 또 우리 집 어르신이 아무 잘못도 없는데⋯⋯우리 모두 자연 질서를 지킵시다. 남자를 여자 앞에 두는 것이 예의지요"라고 썼다.

최근에는 신조어 Mx와 같은 포괄적인 호칭 형식을 적극적으로 옹호하는 움직임에 반발하면서 언어의 자연적인 전개를 거스르려고 헛수고한다고 말하는 사람도 있다. 그러나 그들의 반발 역시 18−19세기의 의도적인 방해만큼이나 인위적이라고 할 수 있다. 이렇듯 과거의 표준화 및 성문화 과정이 오늘날과 다른 순서로 진행되었다는 생각은 전문 언어학자들마저 실수를 하게 만든다. 영국언어학회the Linguistics Association of Great Britain 가 회장을 chairman 대신 chairperson으로 부르고 총칭 남성 대명사를 제거하자며 회칙 수정을 발의했을 때, 회원들은 언어학자의 역할은 언어를 관찰하고 기술하는 일이므로 규범적 관행에 끼어드는 것처럼 보여서는 안 된다며 반대표를 던졌다.

이 장에서 논의한 올바른 용법 및 그 확립 방식을 둘러싼 논란들에도 불구하고, 앞에서 다룬 권위자들은 아마 모두 표준 영어라는 단 하나의 권위 있는 언어 형식이 있다는 점에 동의할 것이다. 이런 상황은 어떻게 해서 발생했을까? 표준 영어는 어디에서 왔으며, 의견 불일치가 그렇게나 큼에도 불구하고 어떻게 그렇게 널리 받아들여질까? 오늘날 표준 영어의 위상은 어떨까? 이 질문들은 제4장에서 다루겠다.

제4장

표준

Standards

제2장에서 우리는 초창기부터 오늘날에 이르기까지의 영어의 역사를 살펴보았다. 그러나 이는 근본적으로 표준 영어라는 한 가지 형식의 역사였다. 표준 영어는 학교에서 아이들에게 가르치는 언어이자, 정부와 법정, BBC British Broadcasting Corporation, 영국 방송국, 인쇄 매체 등에서 사용되는 언어의 한 종류이다. 이는 하나의 고정된 형태이고, 변이형을 용납하지 않으며, 지역에 상관없이 영어 사용자 사이에서 널리 쓰이고 있다.

우리에게 얼마나 익숙하든, 이는 인위적인 상황이다. 인간 언어란 본디 변화하기 때문이다. 말 언어, 즉 영국 및 영어를 쓰는 세계 곳곳에 수많은 방언들이 존재하는 것만 보아도 이러한 사실을 분명히 알 수 있다. 영어의 변이종은 각각 악센트(말투, 어투, 발음)와 문법, 어휘가 다르다. 표준 영어는 그런 방언의 한 종류이며, 다른 방언보다 좀더 높은 사회적 위상을 얻었을 뿐이다.

그러나 오늘날의 많은 이들은 표준 영어가 다른 방언보다 본질적으로 우월하다고 주장한다. 이런 견해에는 오해가 있다. 표준 언어란 원활한 소통을 위해서 사람들이 의견을 모아 선택한 한 가지 기준에 불과하기 때문이다. 표준 영어를 화폐나 무게, 치수, 볼트 등 현대의 다른 표준들과 비교하면 이러한 사실은 더욱 분명해진다. 어떤 시스템도 다른 시스템보다 본질적으로 낫지 않다. 표준으로 채택됨으로써 이익을 얻었을 뿐이다.

또다른 유익한 비유는 도로와 관련된 규칙이다. 영국처럼 왼쪽으로 운전하는 법이 유럽 대륙 또는 미국처럼 오른쪽으로 운전하는 법칙보다 낫다고 볼 이유는 없다. 그중 하나를 골라서 모든 사람이 동일하게 한쪽 도로로만 운전하면 그만이다.

언어에 표준standard이라는 형용사를 붙인 사례는 현 세기의 기록에서 처음 발견되는데, 이는 고전 문학을 지칭하기 위해서 이 단어를 사용했던 전 시대의 용법에서 발전한 것이다. 고전the Classics과 영문학을 연결지으려는 열망은 영어를 표준에 도달하게 하려는 희망을 낳았다. 이러한 열망을 가장 명확하게 표현한 사람은 조너선 스위프트로, 그는 저서 『영어의 교정, 개선, 확증을 위한 제안A Proposal for Correcting, Improving and Ascertaining the English Tongue』1712에서 "영어가 완벽한 수준에 도달하지 못하는 바람에 우리는 영어가 부패한다는 생각에 사로잡힐 지경이 되었다. 따라서, 영어가 만약 특정 표준으로 정제된다면 그것을 영원히 고정할 방도를 찾을 수도 있을 것이다"라고 말했다. 19세기경에 이르자, 표준 영어라는 용어는 구체적으로 상류 계급만 사용하는 특권층 언어를 가리키게 되었고, 영어 모국어 화자 대다수가 언어를 잘못 사용할 경우 그 잘못을 재고 비난하는 하나의 기준으로 여겨지게 되었다.

표준 영어와 엘리트 계층을 동일시하는 현상은 20세기 초반에 가장 영향력 있었던 언어학자 와일드에 의해서 명시적으로 발생했다. 문헌학 연구를 시작할 당시만 해도 와일드는 중립적인 관찰자로서 한 변이어는 다른 변이어만큼의 가치를 가진다고 생각했지만, 후기 저서에서는 표준 영어만이 허용 가능한 유일한 사용 형식이라고 못을 박았다. "표준 영어는 좋은 영어, 점잖은 영어, 상류층 영어라고 불러도 된다"라고 말한 것이다. 표준 영어라는 말을 이렇게 사용하는 행위는 ("표준본standard issue"이라는 표현 그대로) "일반적 용법"을 가리키는 표준이라는 말의 의미가 ("수준 높은to a high standard"이라는 말처럼) 질이 높다는 의미로 크게 변환되었음을 드러낸다.

이러한 사례를 통해서 우리는 표준 영어라는 현상이 영어의 위상에 대한 18세기의 우려에서 나온 비교적 최근의 일임을 깨달아야 한다. 또한 영어의 성문화codification 및 "확립ascertaining", 또는 고착화에 대한 관심도 이러한 맥락에서 커졌다는 사실을 기억해야 한다. 18세기 이전까지, 방언은 말에서나 글에서나 일상적인 현상이었다.

표준 영어 | 실상과 허상

표준 언어를 정의할 때 유용한 방법은 무엇이 표준 언어가 아닌지 조명하는 것이다. 예를 들면, 표준 영어와 비표준 영어의 구별은 격식 용법과 회화체 용법 사이의 차이와 상관이 없다. 표준 영어의 문법 원리를 어기지 않으면서도 금기어, 즉 "나쁜 언어"를 써서 가볍게 말하는 일은 얼마든지 가능하다. 이와 비슷하게, 어느 방언 악센트로 말하든 이론적으로는 표준 영어가 가능하다. 악센트는 발음상의 특징만을 가리키는 반면, 방언은 어휘와 문법까지 포괄하기 때문이다. 물론 특정 지역의 악센트를 쓰는 화자는 전반적으로 그 지역 방언의 문법과 어휘의 특징들을 보일 가능성이 높다.

오늘날에는 표준 영어라는 것이 있다는 점에 널리 합의가 이루어진 듯하지만, 이 용어가 의미하는 바가 정확히 무엇인지에 대해서는 굉장한 혼선이 있는 것 같다. 이러한 혼선은 대개 사회적 요인과 언어적 요인을 구별하지 못하는 데에서 기인한다. 표준 영어의 정의는 변이형을 용납하지 않고 고정형을 고집한다는 점에 초점이 맞추어져 있다. 변이형을 허용할 경우, 지리적으로 넓은 범위를 아우르는 의사소통을 돕는 표준 언어의 기능이 작동하지 않기 때문이다. 중세 영어 시대에 지역 변이형들이 관대하게 받아들여진 이유는 그 당시 글 영어written English가 순전히 지역 언어의 기능을 담당했고, 국가적 차원의 소통은 프랑스어 및 라틴어로 이루어졌기 때문이다.

표준 언어의 또다른 기능은 그것이 "정교화되면서" 다양한 범위의 언어적 기능을 맡는다는 것이다. 한 예로 표준 영어는 오늘날 정부, 법률 및 교육 시스템에서 사용되고 있는데, 이는 모두 표준 영어가 계속해서 유일하게 허용 가능한 글 영어 형식으로 받아들여지는 현상을 강화하고 유지한다.

표준 영어는 이렇듯 다양한 제도와 연관되는 특권을 누리면서 사회적 상승과도 관계를 맺는다. 교육 시스템에서 성공하고 특권 직업에 다가가기 위해서는 표준 영어를 능숙하게 다룰 수 있어야 한다. 따라서 학교에서도 바로 이 언어를 가르친다. 물론 표준 영어가 지역 방언 영어에 대해서 얼마 정도의 지배력을 가지도록 허용해야 하는지는 여전히 논란거리이다. 모든 방언의 사용을 금지하고 그것을 표준 영어로 대체하는 일이 교사의 임무라고 주장하는 교육자가 있는 한편, 일부는 방언을 허용해야 한다고 주장하기도 한다. 방언은 정체성과 밀접하게 관련되어 있기 때문에, 어린이들 사이에서 방언 사용을 일시에 말소시키려는 시도에는 문화적, 심리적으로 해를 가할지도 모른다는 위험이 있다.

한 단계 높은 지위 덕분에 표준 영어는 다양한 영어 방언들 가운데 유일하게 사회적 특권을 누리는 언어가 되었다. 표준 영어는 이제 다수의 사람들에게서 영어 그 자체로 받아들여지기도 한다. 반면 표준 영어를 쓰지 않는 사람들은 종종 문맹 또는 무식한 취급을 받는데, 이때 그들의 언어는 표준 영어에 비해서 열등하다고 간주된다. 그러나 이러한 표준 영어의 지배력은 그것의 사회적 상승의 결과이지 언어적 우월성의 결과는 아니다. 방언이라는 용어는 종종 비표준, 혹은 표준 이하의 언어 형식을 지칭하는 말로 사용되지만, 언어학자들에게는 중립적인 의미를 가리킨다. 즉, 리버풀의 방언인 스카우스Scouse나 표준 영어나 동등한 방언으로서, 사회적 뉘앙스만이 서로 다를 뿐이다.

특정 지역 방언 또는 악센트를 향한 반대 의견은 대부분 언어적인 주제와 아무 관련이 없다. 그러한 반대 의견들은 대개 사회적 편견을 반영하며, 단지 자신의 말투와 다르다는 이유로 다른 사람의 언어를 폄하하려는 경향이 있다. 2014년 시행된 YouGov 여론 조사는 매력적인 악센트의 기준이 무엇인지 설명하지 않은 채 어떤 악센트를 가장 매력적이라고 생각하는지 영국인들에게 물었다. 그 결과 가장 높은 점수를 받은 악센트는 남아일랜드 방언과 공인 발음, 웨일스 방언이었고, "가장 밉상"인 악센트는 맨체스터 방언, 스카우스 및 버밍엄 방언(각각 맨체스터, 리버풀, 버밍엄 지방의 악센트)이었다. 이후 「더 미러The Mirror」는 "버밍엄 주민 여러분, 미안하지만 영국의 타 지역은 여러분을 좋아하지 않아요"라는 머리기사를 내보냈는데, 이는 바른 악센트의 사용이 사회적 수용성과 밀접하게 관련되어 있음을 보여주는 단적인 사례이다. 해당 여론 조사와 관련된 또다른 기사는 사장에게 좋은 인상을 심어주고자 하는 사람은 끊임없이 BBC 영어 또는 심지어 아일랜드식 영어를 사용해야 한다고 제언했다. 사람들의 말투가 고용주의 편견에 따라서 달라져야 한다는 말을 공개적으로 옹호한 것이다.

어떤 사람들은 지역 방언 때문에 받을지도 모를 사회적 불이익을 학교에서 어린아이들에게 가르치는 일이 이처럼 깊숙이 침투해 있는 사회적 편견을 해결할 방책이라고 주장한다. 『악센트가 중요한가?*Does Accent Matter?*』1989의 저자 존 허니는 어린이들에게 "현실 세상에서는 악센트가 출신, 교육 수준, 자신들이 동일시하는 가치 체계, 그리고 이것들이 좁은 지역 집단과 연관되어 있는지 아니면 넓은 사회와 연관되어 있는지 등을 가리키는 표시로 사용될 수 있음"을 예상해야 한다며 경계심을 일깨워 주라고 조언한다. 지방 말투가 불가피하게 그 사람의 출신을 알려주는 것은 사실이지만, 그것이 그 사람의 교육 수준, 가치 체계 및 사회적 지위를 표시할 본질적인 이유는 없다. 허니는 그러한 낙인을 피하고 싶은 사람들은 표준 영어를 습득해야 한다고 주장하기도 했는데, 이는 결코 해법이 될 수 없다. 어째서 방언 사용자들이 사회적 편견에 희생당하지 않기 위해 자신의 악센트를 버리리라고 기대하는 것일까?

2013년, 표준 영어와 지역 방언의 역할을 둘러싼 논란이 여론의 도마에 올랐다. 미들즈브러의 어느 학교 교장이 학부모들에게 어린이들이 "I done that", "Gizit 'ere", "I dunno", "It's nowt" 등과 같은 부적절한 표현*과 복수 대명사 yous 등을 사용하지 못하도록, 그리고 "three fifteen"을 "free fifteen"이라고 발음하는

---

* 이 표현들의 표준 영어 형식은 각각 "I've done that" 또는 "I did that", "Please give it to me", "I don't know", "It's nothing"이다.

습관을 고치도록 교정해달라며 편지를 보냈기 때문이다. 그 교장은 방언이 불리한 쪽으로 받아들여질지도 모를 직장 현실에 아이들을 대비시키고자 글을 썼다고 설명했다.

많은 논란에도 불구하고, 가정에서 지역 방언을 근절하려는 이런 시도는 다수의 학부모들로부터 호응을 받았다. 학부모들은 학교가 아이들에게 표준 영어를 가르치려고 하는 데에 적극 찬성했다. 하지만 그 편지는 전문 언어학자들의 반대에 부딪혔다. 그들은 그런 식의 접근법이 어린이의 글쓰기 수준을 개선하기는커녕 오히려 사회적, 교육적 발달을 저해할지도 모른다고 주장했다. 어린이들은 방언을 통해서 자신의 또래 집단, 가족 및 지역 공동체에 대한 소속감을 표시하는데, 그런 언어 형식이 교실에서 말할 때 용납되지 않으면 "틀린" 말을 할까봐 질문이나 대답 자체를 회피할 수 있다는 것이었다.

이와 유사한 논란이 캘리포니아 주 오클랜드에서도 불거졌다. 한 학교의 위원회가 표준 영어로 진행되던 흑인계 미국 어린이들의 교육 정책을 바꾸고자 투표를 시행했기 때문이다. 이는 표준 영어의 성취도가 계속 낮게 나오는 것을 감안한 위원회가 어린이들이 일상 언어, 즉 학자들이 아프리카계 미국 영어African American English, AAE 또는 ebony와 phonics의 혼성어인 에보닉스 Ebonics라고 부르는 흑인 영어의 인정 범위를 점차 확대하기로 결의한 데 따른 결정이었다.

흑인 영어를 표준 영어 습득을 위한 연결 고리로 사용하자고 제안함으로써, 오클랜드 학교의 그 위원회는 흑인 어린이들이 학교 교육을 받으면서 어려움을 겪는다는 사실을 인정하고자 했다. 그들이 집에서 일상적으로 사용하는 언어와 표준 영어는 크게 달랐기 때문이다. 그러나 이 결정은 엄청난 논쟁을 초래했고 언론으로부터 전면적인 비난을 받았다. 언론은 학교 위원회의 제안이 흑인 영어와 표준 영어를 동등하게 취급하려는 계획이라며 오보를 내보내기도 했다. 다수의 사람들은 이 계획은 아이들에게 도움이 되지 않을 뿐만 아니라 모욕적이기까지 하다며, 어린아이들을 평생 수준 이하의 성취 상태에 묶어놓을 것이라고 보았다. 일부 언론인들은 그런 결정을 내린 동기에는 공감했지만, 전략에 대해서는 의문을 표했다. "어린아이들이 자신들이 쓰는 말은 별개의 언어라는 내용을 배우면, 무엇을 위해서 애써 표준 영어를 습득할까?"

비표준 방언에 대해서 어떤 태도를 취하든, 이러한 사례들로부터 알 수 있는 사실 하나는 학교가 어린이들에게 그들의 배경이나 언어적 유산과 상관없이 표준 영어를 가르칠 의무를 지고 있다는 점이다. 표준 영어는 시험에 합격하거나 직업 전선에 나가도록 어린이들을 준비시키는 기본 도구이다. 따라서 학교가 표준 영어를 가르치지 않는다면, 이는 직무 유기가 될 것이다.

보다 나은 대책은 표준 영어와 방언 사이의 차이를 단순히 무시하기보다는, 그 차이를 이용해서 어린이들에게 영어의 다양성과 그 기능들을 교육시키는 것이다. 교사는 모든 학생들이 표준 영어를 읽고 쓸 수 있도록 가르치는 것을 목표로 하지만, 동시에 다른 상황에서 비표준 언어를 사용하는 것도 용납하거나 혹은 응원해주어야 한다. 많은 유럽인들이 여러 언어를 구사하며 자라듯 영어를 사용하는 어린이들도 기능에 따라서 다른 방언을 쓰는 "이중 방언bidialectal" 사용자가 되도록 용기를 북돋아주어야 한다.

위에서 언급한 미들즈브러 지역의 학교 교장은 모든 어린이들이 표준 영어로 글을 써야 한다는 정부의 문해력 교육 계획을 내세우면서 자신이 학부모들에게 보낸 편지를 옹호했다. 그러나 이 교육 계획의 핵심 단어는 "쓰기"로, 이에 따르면 교사들은 어린이들이 표준 영어로 글을 쓰도록 가르치면서도 말로 이야기할 때에는 각자의 지역 방언을 사용하도록 허용해줄 수 있다. 이러한 접근법의 중심은 "적절성appropriateness" 개념, 즉 언제 방언의 사용이 허용되고, 또 언제 표준 영어만 허용되는지를 학습하는 문제라고 할 수 있다.

바른 쓰기

표준화가 완전히 이루어진 가장 명확한 분야 가운데 하나는 현대 영어의 철자법이다. 물론 여기에도 약간의 변이형이나 불확실성의 여지는 남아 있다. judgement일까, judgment일까? yoghurt가 맞을까, yogurt가 맞을까? 또는 standardize일까, standardise일까? 표준 영어와 중세 영어의 철자법을 비교해보면 발전이 얼마나 이루어졌는지 쉽게 알 수 있다. 중세 영어에는 표준화된 철자법이 없었기 때문에, 방언마다 철자 변이형이 있었다. 그 결과, drowgh, yhurght, trghug, trowffe 등으로 쓰인 through처럼 흔히 사용되는 단어들에는 수백 가지의 철자 변이형이 있기도 했다.

대부분의 경우 다양한 변이형들이 하나의 바른 철자로 좁혀지는 과정은 15세기까지 거슬러 올라간다. 이 시기에는 영어가 라틴어와 프랑스어를 물리치고 국어national language로 자리를 잡으면서 철자법의 일관성에 대한 요구가 강해졌다. 표준화된 철자법을 낳은 또다른 중요한 계기는 15세기 후반에 윌리엄 캑스턴이 인쇄기를 도입함으로써 최초의 영어 서적들이 출판되었다는 것이다. 그전까지 책들은 모두 손으로 집필되었기 때문에(그래서 manuscripts라고 부른다), 의식적으로, 또 무의식적으로 필경사들의 언어적 간섭을 받을 수밖에 없었다.

인쇄 기술의 발달은 동일한 철자법이 적용된 서적들이 대규모로 생산될 수 있도록 했다. 또한 책값을 낮추어 문해력의 수준을 높였다. 초창기 인쇄업자들은 인쇄소가 처음 자리를 잡은 웨스트민스터 지역을 따라 런던 방언을 사용했고, 이는 전국의 독자들이 런던 방언을 주로 접하게 되는 계기가 되었다. 물론 손으로 쓰던 이전 책들보다는 일관된 철자 형식을 따르기는 했지만, 초창기에 인쇄된 서적들 역시 상당히 다양한 변이형들을 용납했던 것은 사실이다.

18세기에 이르자, 수 세기 동안 지속되어온 이러한 상황을 벗어나 인쇄 서적 철자법을 완전히 고정하려는 움직임이 나타났다. 그러나 인쇄물에서 철자법이 완전히 표준화된 후에도 일기나 일지, 개인 서신 및 원고에는 비표준 철자법이 계속 사용되었다. 그 이름 자체가 영어의 고정화 현상과 동의어로 사용되는 존슨 박사조차 사적인 글에서는 비표준 철자법을 쓴 적이 있다. 그는 『영어 사전』에서도 변이형들을 놀라울 정도로 관대하게 허용하고 있는데, 가령 choak와 choke, soap와 sope 사이에서는 무엇이 표준인지 규제하려고 시도조차 하지 않았다. 심지어 complete와 compleet의 경우에는 두 가지 철자법 밑에 독자들이 도움을 받을 수 있도록 애써 설명을 덧붙이는 수고를 아끼지 않았다(상자 5).

상자 5 존슨의 『영어 사전』 서문

"오늘날까지 정착되지 않고 운에 맡겨진 채 내려온 철자법을 정비하면서 나는 우리 혀에 내재해 있고, 또 아마도 함께 탄생했을 불규칙성들과 이후 작가들의 무지와 나태가 초래한 불규칙성을 구분할 필요가 있다고 생각했다. 모든 언어에는 다소 불편하기도 하고, 한편으로는 불필요하기도 한 변이형들이 있기 마련이다. 그러나 변이형들은 인간사의 불완전성 가운데 하나로 관용되어야 하며, 기록을 잘해두고 앞으로 더 증가하지 않도록, 또 복잡해지지 않도록 하면 된다. 모든 언어에는 부적절성과 부조리가 있다. 이를 교정하거나 금지하는 일은 사전 편찬자의 의무이다."

제대로 말하기

희곡 『피그말리온*Pygmalion*』1912의 서문에서 조지 버나드 쇼는 "영국인이 다른 영국인으로 하여금 자신을 미워하거나 경멸하게 만들지 않고 입을 여는 일은 불가능하다"라고 주장한다. 이 말은 오늘날에도 여전히 일부 맞는 것으로 보이는데, 많은 사람들이 악센트를 토대로 어떤 사람의 사회적 배경, 교육 수준, 성격, 심지어 도덕성까지 판단하기 때문이다.

이와 같은 풍조가 팽배함에도 불구하고, 더 좋거나 좋지 않은 악센트라는 개념이 발생한 시기는 비교적 최근이다. 한 악센트가 다른 악센트보다 사회적으로 우월하다거나 열등하다는 최초의 언급은 16세기의 저술에서 발견된다. 글 쓰는 사람들을 위한 지침서인 『영시의 기술*Arte of English Poesie*』1589에서 조지 퍼트넘은 독자들에게 "궁중에서 평범하게 쓰는 말과 런던 및 그 근방 96킬로미터 이내 지역의 말을 선택하시기 바랍니다"라고 조언한다. 런던과 궁정의 중요성을 놓고 볼 때, 퍼트넘이 장래의 시인들에게 그 지역 말을 선호 악센트라고 말한 것은 놀라운 일이 아니다. 물론 이는 언어적이라기보다는 사회적인 선호도를 말하는 것이다. 반면 14세기의 한 연대기 학자는 수도 대신 중부의 방언을 추천한다고 홀로 주장하기도 했는데, 그 근거는 남부 및 북부 방언 사용자들 모두가 쉽게 이해할 수 있다는 것이었다.

18세기 후반이 되자 작가들은 영어의 발음이 다양해진 상황에 대해 탄식하면서 고정된 표준 발음을 부여하고자 시도했다. 이들은 일관성 없는 발음이 영어가 퇴락해가는 주요 원인이라고 보았고, 올바른 발음 체계야말로 영어를 고정해서 영어의 하락세를 종식시킬 수 있다고 생각했다. 표준 악센트를 확립하고자 하는 노력은 이렇듯 상호 이해의 수준을 높이고자 시작되었다. 그러나 논쟁의 방향은 이내 급변하는 사회 분위기 속에서 자신을 바른 집단에 줄 세우고 싶어하는 욕구를 따라 좌지우지되었다.

말라프로피즘malapropism이라는 용어가 언어에 대한 사회적 불안이 팽배했던 이 시기에 생겼다는 점은 우연이 아니다. 말라프로피즘은 단어를 잘못 사용하여 웃음을 유발하는 현상을 가리키는 용어로, 리처드 브린즐리 셰리든의 희곡 『연적The Rivals』1775에서 "the very pineapple of politeness", "my affluence is very small", "She's as headstrong as an allegory on the banks of the Nile" 등* 말실수를 자주 하는 말라프롭 부인의 이름을 딴 명칭이다. 여기에서 말라프롭 부인의 이름은 프랑스어 mal à propos("inappropriate")라는 표현에서 비롯되었다.

틀린 말을 하면 사회적으로 배척당하고 창피를 당하는 상황에서 제대로 말한다는 것은 최상위 엘리트 계층에 소속되었음을 보여주는 하나의 양식이었다. 반대로 지방 악센트는 세련되

---

* 이 예시들에서 pineapple은 pinnacle을 잘못 말한 것이고, affluence는 influence를, 그리고 allegory는 alligator를 잘못 말한 것으로 이해할 수 있다.

고 조리 있는 발화가 중요하게 여겨지는 법률계 또는 종교계 등 상위 특권 직업으로의 진입을 방해하는 장애물이었다.

용법을 성문화해야 할 필요성이 제기되자, 수많은 발음 사전들이 출판되었다. 그 시작은 앞에서 언급한 극작가 리처드 브린즐리 셰리든의 아버지 토머스 셰리든이 쓴 『영어 일반 사전 *A General Dictionary of the English Language*』1780이었다. 그는 웅변술과 관련하여 대중적인 강연들을 하기도 했는데, 그 내용은 1762년에 저서로 출간되었다. 규범을 엄격히 따르던 셰리든은 초성 "h"를 발음하지 않는 현상을 매우 부정적으로 보았다(이는 오늘날에도 여전히 낙인이 찍혀 있는 습관이다). 이러한 불행한 사태를 막기 위해서 그는 "사전에서 H로 시작하는 모든 단어들을 소리 내서 자주 읽고, 강하게 기식을 주는aspirating 습관이 들 때까지 숨을 힘껏 밀어내라"며 "치료법"을 제안했는데, 이 방식은 훗날 조지 버나드 쇼의 『피그말리온』을 뮤지컬로 각색한 「마이 페어 레이디*My Fair Lady*」1956에서 엘라이자 둘리틀이 받은 음성 훈련의 효시가 되었다. 그녀는 "In Hertford, Hereford, and Hampshire, hurricanes hardly ever happen"을 반복했던 것이다. 셰리든은 자신이 주창한 성문화 및 표준 발음이 국가의 통일성에 기여하고 편견을 없앨 것이라고 기대했다. 그러나 결과는 정반대였다.

발음 지침서들은 19세기 내내 출간되면서 비표준 발음을 둘러싼 사회적, 도덕적 차원의 부정적인 인상을 더욱 공고하게 만들었다. 비표준 발음의 특징에 따라붙는 사회적 수치심을 작품에 풍부하게 이용한 찰스 디킨스의 소설에서는 셰리든이 낙인 찍은 "h" 탈락뿐만 아니라 cucumber 대신 cowcumber라고 하는 등의 일부 금지된 발음들도 찾아볼 수 있다. 가령 『마틴 처즐위트*Martin Chuzzlewit*』의 등장 인물인 갬프 부인은 "집에 cowcumber 같은 물건이 있다면 가져오시겠어요? 저는 그런 면에서 꽤 편파적이거든요. 게다가 그건 병실에서나 소용이 있고요"라고 말한다.

이로부터 출현한 개념이 "일반적으로 받아들여진다"는 의미의 공인 발음이다. 1869년 음성학자 알렉산더 엘리스가 처음 사용한 이 용어는 특정 방언에 국한되지 않은 표준 악센트를 의미한다. 그의 정의에 따르면 공인 발음이란 "지역에 따라서 크게 달라지지 않고, 일정 정도의 다양성을 인정하며, 특히 수도 지역, 궁정, 교회, 술집에서 교양 있다고 간주되는 발음"이다. 놀라운 사실은 엘리스의 공인 발음 개념이 완전히 고정된 개체가 아니라 지역에 따라서 내부적으로 달라질 수 있음을 용인한다는 점이다. 이전 학자들과 달리 엘리스는 특정 발음의 허용 가능성을 판단하기를 거부했다. "발음의 '옳음' 또는 '부적절성'에 어떤 근거로 의견을 낼 수 있는지 모르겠다. 역사도 세세한 규칙도 그 기준을 정할 수는 없다."

『하지 말아야 할 것들 : 말투와 행동에 만연한 실수들에 대한 지침서*Don't: A Manual of Mistakes and Improprieties More or Less Prevalent in*

Conduct and Speech』1884 또는 『가련한 H : H의 사용과 남용*Poor Letter H: Its Use and Abuse*』1859 등 베스트셀러가 된 지침서들의 저자들은 허용 가능성을 판단하는 일에 엘리스만큼 소극적이지 않았다. 전자의 발췌문(상자 6)에는 바른 말과 좋은 출신은 밀접하게 관련되어 있으며, 언어적 실수는 천박함을 가리킨다는 가정을 드러낸다.

엘리스가 공인 발음을 정의할 때에 용납된 지역 변이형들은 추후에 영국 기숙 학교의 영향으로 점차 줄어들게 되는데, 이

상자 6 『하지 말아야 할 것들』 발췌문

비문법적으로 말하지 말라. 문법서와 최고 작가의 글을 공부하라.

틀리게 발음하지 말라. 교양 있는 사람들의 발음에 귀 기울이고, 의심스럽거든 사전을 참고하라.

하인을 girls라고 부르지 말라. 요리사는 cook으로, 유모는 nurse로, 하녀는 maid로 부르라.

비속어를 사용하지 말라. 새커리에 따르면, 속어에는 신사 속어가 있고 천박한 속어가 있다. 그 차이를 모르겠다면 비속어를 아예 피하라. 그러면 안전할 것이다.

진부한 격언이나 과용된 인용문을 반복해서 사용하는 습관에 빠지지 말라. 뻔한 "경구"나 어리석은 속담을 끊임없이 적용하거나 잘못 적용하는 사람의 말을 듣고 있는 것은 여간 짜증나는 일이 아니다.

상대가 얼굴을 붉히거나 언짢아할 정도로 남의 문법 실수나 잘못된 발음을 아는 척하지 말라. 그런 말을 하려거든 정중하게 하고, 다른 사람이 듣지 않는 곳에서 하라.

학교들로 인해서 표준 발음의 동질화가 이루어졌기 때문이다. 이 현상의 중요성을 인지한 사람은 후대의 음성학자인 대니얼 존스였다. 존스는 자신의 저서 『영어 발음 사전English Pronouncing Dictionary』1917에서 이처럼 동질화된 발음을 "공립 학교 발음Public School Pronunciation"이라고 불렀다가, 1926년 판에서는 공인 발음 이라는 용어로 되돌아갔다.

존스는 초기 저서에서 언어의 표준화에 비교적 객관적인 입장을 취했지만, 이후에는 표준을 세우는 일이야말로 문명사회의 선결 조건이라며 태도를 바꾸었다. "통일된 격조 높은 언어 표준 없이 통일된 격조 높은 사회 생활 규범을 만들 수는 없다." 이 즈음에 공인 발음은 계급 발음이라는 개념, 즉 언어의 한 양식으로서 지역에 따라 다르지 않고 전적으로 상류층을 연상시키는 발음이라는 개념으로 확립되었다.

공인 발음을 발음의 표준으로 보는 시각은 1920년대에 설립된 BBC가 소속 아나운서들로 하여금 반드시 공인 발음을 사용하도록 강제하면서 더욱 강화되었다. 리스 경은 언어의 표준을 지속시키기 위해서 구어영어위원회the Committee on Spoken English를 설립하여 각기 다른 발음들 사이의 분쟁을 조정하는 역할을 맡기고, 1929년에는 『발음이 의심스러운 단어들에 관한 안내서 Recommendations for Pronouncing Doubtful Words』를 출간하도록 지시했다. 이때 간행된 지침들 다수는 오늘날에도 영향을 미치고 있는데, 가령 hotel이나 humour에서 초성 "h"를 발음해야 한다는 요건은 요즘도 지켜진다. 반면 철자의 영향으로 변한 것들도 있다. 예전에는 housewifery를 "huzzifry"로, forehead를 "forred"로 발음했지만 이제는 철자대로 발음하는 것이 여기에 해당된다. garage는 BBC의 지침서 초판에서 "garraazh"로 발음하도록 했지만, 1931년 개정판에서는 "garridge"로 바뀌었다.

이 위원회는 1939년에 해산했지만 모든 아나운서들이 공인 발음을 사용해야 한다는 정책이 뒤집힌 시기는 1960년대였다. 제2차 세계대전 시기에 요크셔 태생의 윌프레드 피클스가 뉴스 프로그램 진행자로 고용되면서 정책이 완화된 적이 있지만, 공인 발음의 권위에 도전하거나 지역 방언의 사용을 촉진하기 위한 변화는 아니었다. 독일군이 피클스의 요크셔 사투리 발음을 알아듣지 못하거나 따라하지 못하리라는 믿음에서 비롯한 변화에 불과했기 때문이다. 이 실험은 뉴스 프로그램이 그런 발음으로 진행된다는 사실은 믿기 어려운 일이라고 주장한 시청자들의 압박으로 곧 중단되었다. 1980년대에는 발음 수준이 떨어진다는 대중의 반발로 스코틀랜드 출신의 뉴스 프로그램 진행자 수전 레이가 BBC에서 하차하기도 했다. 그녀가 복직한 것은 2000년대 초반의 일이었다.

오늘날 영국에서 실제로 공인 발음을 구사하는 인구는 약 5퍼센트에 머문다. 공인 발음은 여전히 특권적인 구어 영어 형식으로 인정받고 있지만, 그 범주는 일부 사회 집단에 국한된다. 위에서 인용한 여론 조사에 따르면, 공인 발음을 선호한다고 밝힌 사람들은 주로 나이 든 집단이었고, 젊은 사람들은 공인 발음을 쓰는 사람들이 차갑고, 멀고, 우월감에 젖은 느낌이라고 응답하는 경우가 많았다. 이런 여론 때문인지, 오늘날의 일부 영국 정치인들은 블루칼라 노동자 집단을 향해 발언할 때 공인 발음의 사용을 자제하고 있다. 이렇듯 절제된 공인 발음은 대개 코크니 발음의 특성을 보이기 때문에, 이를 농담조로 "막크니 Mockney" 발음이라고 부르기도 한다.*

공인 발음과 코크니 발음의 특성이 뒤섞이면서 진정한 남동부 말투인 하구 영어Estuary English가 등장했다. 1980년대에 템스강 하구 지역에서 쓰이기 시작한 하구 영어는 오늘날 남동부 전역으로 퍼져나가고 있다. 하구 영어에는 코크니 영어의 특징이 다수 있는데, bottle 등의 단어에서 "t"를 성문폐쇄음glottal stop으로 바꾸어 발음하는 "성문음화glottalizing", milk를 "miouk"로 발음하는 등 "l"을 모음으로 발음하는 "l-모음화l-vocalization", "th"를 "f"로 바꿔서 "think" 또는 "thing" 대신 "fink", "fing"이라고 발음하는 "th-전음화th-fronting" 현상 등이 여기에 해당된다.

이러한 특징들은 전통적으로 사회적 낙인이 찍혀 있던 것들이기 때문에, 영국 언론은 하구 영어가 확장되어가는 현상을 대개 사회 쇠퇴의 증거라고 보도한다. 가령 1999년 「데일리 텔레그래프The Daily Telegraph」의 크리켓 경기 통신원이었던 마이클 헨

---

* 영국 런던의 보벨스 지역(성 메리르보 교회의 종소리가 들리는 주변 지역)에 사는 중하류 계층의 방언을 코크니 악센트라고 부른다.

더슨은 잉글랜드팀 주장으로 새로 지명받은 나세르 후사인의 성문폐쇄음 발음을 "좋은 대학을 나온 사람이라면 그런 끔찍한 하구 진흙창 같은 말을 해서는 안 되죠. 언어의 부정확함은 종종 정신의 나태함을 드러내거든요. 이봐요, 주장, 제발 T 발음 좀 멋지게 해봐요. T는 알파벳 S와 U 옆에 그냥 친구하라고 있는 게 아니에요"라며 비난했다.

이런 비난 속에는 수많은 오해들이 깃들어 있다. 가장 근본적인 오해는 발음이 철자를 따라가야 한다거나, 특정 철자를 소리내어 발음하지 않는 것은 나태함의 증거라는 생각 등이다. 사실, 성문폐쇄음을 발음하려면 "t" 소리를 발음할 때보다 훨씬 더 많은 신체적 노력이 필요하다. 이렇게 고함을 치듯 비난하는 일은 실제 말과 글의 언어학과 전혀 무관할 뿐만 아니라, 잉글랜드 크리켓 팀 주장, 그것도 더럼 대학교 출신이라면 당연히 공인 발음을 사용해야지 하구 말투를 써서는 안 된다는 뿌리 깊은 사회적 편견을 드러내기까지 한다.

훌륭한 문법

오늘날 많은 사람들에게 문법이라는 말은 올바른 용법과 관련된 일련의 규범들, 즉 부정사를 분리하면 안 된다거나, 이중부정을 피하라거나, 등위 접속사로 문장을 시작하지 말라거나, 전치사로 문장을 끝내지 말라는 등의 규칙들을 의미한다. 반면 언어학자들에게 문법이란 단어들을 조합하여 유의미한 단위를 만들어나가는 일련의 규칙들이다.

문법을 이해하는 일은 영어를 세련되게 다루는 결정적인 단계이다. 그러나 문법 교육은 대개 원자론적atomistic인 방식으로 다루어져왔고, 학생들은 명사, 동사, 형용사 등의 품사들을 아무 목적도 없이 식별하도록 교육받았다. 품사를 식별하는 법을 학습하는 일은 별로 이득이 되지 않지만, 영어 문법에 대한 통찰력을 얻는 일은 영어가 어떻게 작동하는지, 그리고 영어를 어떻게 효율적으로 사용할지 등의 문제를 좀더 깊고 세련되게 이해하기 위해서 매우 중요하다.

문법을 제대로 이해하는 일의 가치를 논할 때에는 암묵적 지식과 명시적 지식을 구분해야 한다. 모든 모국어 화자는 주변에서 들리는 말로부터 영어에 대한 암묵적 지식을 습득한다. 어린 아이들은 이르면 2세 무렵부터 대부분의 영어 동사를 과거시제로 표현할 때 "-ed" 접미사를 붙여야 한다는 규칙을 습득하며, 이에 따라서 이전까지 들어보지 못한 동사들의 과거시제도 바로 만들 수 있게 된다. 가령 I walked라는 말을 들으면, 2세의 어린아이도 talk의 올바른 과거시제는 talked라는 사실을 유추할수 있다. 아이들이 과일반화overgeneralize를 하면서 I singed 혹은 I goed처럼 틀린 형태를 만들기도 한다는 사실은 그들이 전에 들은 형식을 단순히 따라하기보다는 관련 규칙을 습득했다는 사실을 보여준다.

한편, 명시적 문법 지식, 즉 각 구문의 기저에 깔려 있는 문법 규칙들에 대한 의식적인 이해는 특별한 학습을 통해서 습득된다. 이런 종류의 지식이 생래적이지 않다는 사실을 쉽게 알 수 있는 한 가지 방법은 영어 모국어 화자에게 일부 문법의 요점을 설명해보라고 하는 것이다. 가령 walk의 과거시제는 왜 walked이지만 go의 과거시제는 왜 went인지 설명해보라고 하면, 이 사실을 금방 알 수 있다.

"암묵적 지식"에 해당하는 문법 규칙과 "부정사 분리 금지"와 같은 규칙에는 확연한 차이가 있다. 과거시제 형성 같은 규칙들은 어길 수 없는 반면, 후자의 경우에는 꼭 지켜야 하지만은 않으며 실제로도 자주 지켜지지 않는다. "I goed to school"은 도무지 허용되지 않지만, "Don't forget to quickly call Mum"과 같은 문장은 아주 흔하다. 실제로 대부분의 사람들은 이런 문장이 자연스럽고, 오히려 "Don't forget quickly to call Mum"이 어색하고 더 중의적이라고 느낄 것이다(빨리 전화하라는 말인지 아니면 빨리 잊어버리라는 말인지?). 이러한 비교는 전자는 진짜 문법적인 규칙이지만, 후자와 같은 경우는 문체적 선호 사항stylistic preferences, 즉 언어의 실제 구조와는 아무 관련이 없는 요소라는 사실을 알려준다.

공식적인 문법 교육을 받지 않더라도, 영어 모국어 화자라면 누구나 복잡한 규칙들을 무수히 습득한다. 다음의 두 표현을 비교해보라. 무엇이 올바른 문장일까?

The little yellow book.

The yellow little book.

영어 화자라면 누구나 어려움 없이 첫 번째가 맞는 표현이라는 데에 동의할 것이다. 그러나 왜 첫 번째가 맞는지, 또는 왜 두 번째는 허용 불가능한지 설명할 수 있는 사람은 거의 없다. 이런 경우 우리는 직관에 따라서 일부 구문은 "무엇인가 잘못된 것처럼 들려서" 불가능하다고 판단한다(제3장에서 다룬 마크 포사이스의 SWANS 검증법을 떠올려보라). 그러나 그 구문이 어떤 규칙을 어겼는지는 매우 설명하기 어려워한다.

"The little yellow book"이 맞는 이유는 영어에 크기를 나타내는 형용사가 색깔 형용사보다 앞에 나와야 한다는 규칙이 있기 때문이다. 이것은 학교에서 배운 규칙도 아니고, 많은 사람들이 알고 있는 규칙도 아니다. 어릴 적에 어른들의 말을 듣고 유추하면서 익히는 규칙이다. 어린아이들이 스스로 깨닫지 못하고도 영어 문법을 학습할 수 있다면, 왜 학교에서 굳이 문법을 가르치면서 시간을 낭비해야 하느냐고 물을 수 있다. 한 가지 이유는, 이렇게 문법 구조를 익히는 일이 어린아이들에게는 쉽지만 나이가 들수록 매우 어려워지기 때문이다. 게다가 언어의 작동 방식에 대한 사람들의 관심은 점점 커지고 있다. 그런 규칙을 이해하면 언제 그런 규칙을 어겨도 되는지, 어긴다면 어느 정도 어겨도 되는지 등에 대한 좀더 세련된 지식에 도달할 수 있을 것이다.

톨킨이 어린 시절 철학에 관심을 가지게 된 계기 역시 이러한 규칙을 정확하게 이해하고자 하는 욕망에서 비롯되었다. 엄마에게서 "a green great dragon"이라는 말로 이야기를 시작하면 안 된다는 말을 들은 7세의 톨킨은 그때부터 평생 언어의 구조를 숙고하게 되었다. 옥스퍼드 대학교 영어학 교수가 되어 있던 63세의 톨킨은 1955년 오든에게 쓴 편지에서 그 일화를 회상하며 "나는 왜 그러는지 질문을 한 것이고, 지금도 고민한다"라고 덧붙였다.

비록 대부분 라틴어로 쓰이기는 했지만, 영어에 대한 최초의 문법적 기술이 나타난 시기는 16세기이다. 이 시기 이전의 문법 교육이 라틴어에 초점을 맞추었다는 점을 감안하면, 초기 영어 문법학자들이 라틴어 문법에 토대를 두었다는 사실은 놀라운 일이 아니다. 1624년 출간된 존 휴스의 저서『라틴어 용법 및 유추 기반 완벽 영어 개괄*A Perfect Survey of The English Tongve, Taken According to the Vse and Analogie of the Latine*』의 제목은 영어 문법을 라틴어 문법에 맞추겠다는 목표를 깔끔하게 요약한다. 영어는 라틴어에서 파생되지 않았으므로, 이는 도움이 되는 모델이 아니다. 그러나 18세기의 문법학자들은 집요하게 라틴어 모델을 영어에 강요했다. 웰스 엥겔샴이『영문법에 대한 간단한 스케치*A Short Sketch of English Grammar*』1780에서 영어 명사 곡용을 다루는 방식이 좋은 예이다.

	단수	복수
주격	a lord	lords
소유격	of a lord, or, a lord's	of lords
여격	to a lord	to lords
대격	a lord	lords
호격	o lord	o lords
탈격	by, from, of, and with a lord	lords

라틴어 명사는 격case마다 다른 어미가 붙지만, 영어는 위 표에서 알 수 있듯이 주격, 대격, 여격, 호격, 탈격에 거의 아무런 차이가 없다.

이 시기의 모든 문법학자들이 라틴어 모델에 사로잡혀 있었던 것은 아니다. 미국의 언어학자 및 사전 편찬학자 노아 웹스터1758-1843는 영어 문법을 진정으로 이해할 수 있는 유일한 방법은 먼저 라틴어 문법을 배우는 것이라는 주장을 "어리석은 견해"라고 일축한 바 있다(인용문 전체는 상자 7 참조).

그런 깨달음에도 불구하고 라틴어 모델은 20세기까지 영국 교실에 남아 있었다. 20세기 초반 영국 중등학교에서 사용된 문법책 한 권에는 문장을 끊거나 구조를 그리면서 명사가 주격인지 목적격인지 식별해보는 연습 문제가 있다. 이런 전통은 라틴어 문법에 대한 언급이 가득하고 그 용어를 널리 채택하는 『권의 문법』에서도 이어졌다.

신비로운 라틴어 문법의 용어를 이해하고 있다는 사실은 요즘에도 일종의 사회적 자본 대접을 받는다. 토머스 쿡은 저서

"우리는 언어를 주 연구 대상으로 삼는 사람들이 평생 동안 젊은이들을 가르치는 일에 몰두하면서도 한 언어의 문법이 다른 언어의 문법에 해답을 제공해주지 못한다는 사실을 깨닫지 못한다는 데에 쉽게 놀란다. 그러나 영국이라는 나라가 전체적으로 아주 최근까지도 우리 언어가 규칙 체계로 기술될 수 없다는 생각에 젖어 있었다는 점을 고려해보면, 또한 심지어 영어의 문법적 지식을 획득하기 위한 유일한 방법은 먼저 라틴어 문법을 학습하는 일이라고 열렬히 주장하는 일부 고전 학습을 많이 한 사람들을 보면, 우리의 놀람도 사그라들 것이다. 그런 어리석은 견해가 영국이라는 나라에 지금껏 우세하며, 나아가 그것이 지금도 실천으로 옮겨져야 한다고 주장하는 옹호 세력이 있다는 사실은, 습관이 인간 본성에 미치는 엄청난 영향을 보여줄 뿐이다."

『영어 완성을 위한 제안*Proposals for Perfecting the English Language*』1742에서 영어는 라틴어 동명사의 우수성을 모방하기를 바랄 수도 없다며 개탄한다. 영어 문법을 이해하기 위해서는 별로 중요하지 않음에도 불구하고, 동명사와 분사를 구분하는 방법을 아는 것이 여전히 건실한 문법 교육의 이정표처럼 기능하는 것이다. 2013년 「텔레그래프」가 내놓은 "훌륭한 문법"의 최종 질문 12개에는 "아래 이름 가운데 라틴어에서 직접 수입된 주격 여성 단수 동명사형이 무엇인지" 식별하는 문제가 있다(동명사와 관련한 여러분의 기억이 희미해졌다면, 정답은 Amanda와 Miranda이다).

비교적 기술적 접근법을 채택했던 초창기 문법서들은 사용역이나 격식성, 문맥과 같은 요인에 따라서 발화가 다르게 표현될 수 있다는 인식하에 다양한 대안 구문들을 기록했다. 이 문법학자들은 방언의 차이는 무시할지언정 당대에 떠오르던 표준, 혹은 "일반" 방언 내의 변이형들을 비난하지 않았다. 가령 윌리엄 불로카르의『영문법 팸플릿*Pamphlet for English Grammar*』1586은 그런 저술 가운데 영어로 집필된 최초 저술로, 동사 to be, ar, be 등과 3인칭 단수 현재시제 어미들, hath와 has, 2인칭 복수 대명사 ye와 you 등의 대안형들을 보여준다. 그러나 이러한 기술적 관대함은 점차 규범적인 주제들에게 밀려났다. 일부 18세기 문법학자들은 대안 구문들이 정확하게 동일한 의미를 담는 경우가 드물다는 사실을 인식했지만, 대부분은 "올바름의 교리"에 의존하면서 모든 구문이 옳거나 틀리거나 둘 중 하나라는 주장을 따랐다. 이들은 틀린 것을 "야만적이다", "천박하다" 혹은 "부적절하다"고 보았다.

로버트 로스의『영문법 개론*A Short Introduction to English Grammar*』1762은 그중에서도 특히 영향력이 막강한 책이었다. 이 책은 최고 저술가라도 실수를 범할 수 있다는 사실을 지적하며, 문법은 관습과 용법이 아니라 규칙에 토대를 두어야 한다는 원칙을 확립했다. 오늘날 모든 영어 형식을 격식체 글 영어formal written English의 기준으로 판단하는 경향은 이러한 견해에서 기인했다. 그러나 격식체와 비격식체는 서로 다른 기능을 가지며, 이에 따라서 각기 다른 문법적 관습을 적용받는다. 게다가 격식체 담화 유형과 비격식체 유형을 구분하는 연속선을 따라서 무수한 문체적 변이형이 있다는 점을 상기하면 이런 이분법조차 매우 조잡할 뿐이다.

표준 영어 문법을 제대로 이해하는 데에 말과 글의 차이를 구분하는 일이 얼마나 중요한지 알아보기 위해서 다음의 예를 준비했다. 전화를 받고서 다음의 세 가지 응답을 받는 상황을 상상해보자.

Who's that?

Who am I speaking to?

To whom am I speaking?

각각의 경우, 여러분은 수화기 건너편의 화자를 어떻게 생각하게 될까? 세 가지 보기는 모두 표준 영어 내에서 허용이 가능한 표현이지만, 격식성의 측면에서 차이를 보인다. 가장 자연스러운 응답은 아마도 두 번째일 것이다. 첫 번째는 퉁명스럽다는 인상을 주며, 참을성이 부족하거나 정중한 담화의 세심한 면을 고려하지는 못한다는 느낌이다. 반면, 세 번째 예시는 매우 격식을 차린 말로, 요즘은 전적으로 글 언어에서나 사용하는 구문이다.

앞에서 격식체 글 영어를 기준으로 표준 영어 문법을 세운다고 했는데, 그 규칙에 따라서 이 문장들을 판단하면 세 번째가 옳은 문장이 된다. whom은 who의 대격 형태로서 전치사 to 다음에 나와야 하기 때문이다. 하지만 이런 문장은 매우 강제적이고 인위적인 언어 양식, 드러나게 격식을 차리고 위선을 떠는 언어를 고집하는 태도로 보일 것이다. 미국의 언론인 캘빈 트릴린의 말을 빌리자면, 이는 모든 사람이 집사butler처럼 말하는 결과를 낳을 것이다.

대격 대명사 whom 대신에 주격 형태 who를 사용하는 현상은 15세기 이후 계속되고 있다. 이런 형태는 특히 의문 대명사 who가 문장 맨 앞으로 "전치된fronting" 경우에 흔히 사용된다. 영어에서는 이 위치에 대개 주어가 오기 때문에, 구어체일 경우 종종 그 위치에 who 대명사를 쓰는 것이다.

그렇다면 whom의 미래는 어떻게 될까? who로 바뀔까, 아니면 계속 유용한 역할을 맡게 될까? 『누구를 위하여 종은 울리나 *For Who the Bell Tolls*』라는 다소 도발적인 제목*에도 불구하고, 「가디언」의 표기법 대가 데이비드 마시는 who와 whom의 구분법을 학습하는 일이 여전히 바람직하다고 주장한다. 하지만 그가 말하는 이유는 문법적 혹은 의미적 명확성과는 아무 관련이 없고, 황당한 실수를 피하고자 하는 우려에서 나왔을 뿐이다. 이 지독

---

* 헤밍웨이의 소설 원 제목 *For Whom the Bell Tolls*가 대격 의문 대명사 Whom을 사용한 반면, 데이비드 마시는 자신의 저서 제목에 주격 의문 대명사 Who를 사용함으로써 Who와 Whom에 관한 독자들의 호응을 이끌어내고자 했다는 점에서 도발적이라고 평가하고 있다.

한 실수를 범한 소위 위대한 작가들을 연달아 인용한 후, 마시는 이렇게 결론을 내린다. "그러나 그 차이를 알아야 하는 중요한 이유는 who라고 써야 할 때 whom이라고 잘못 쓰는 실수를 하지 않기 위함이다." 이는 올바름의 교리를 보여주는 고전적인 사례로서, 『하지 말아야 할 것들』과 맥을 같이한다. 그러나 이러한 충고는 본질적으로 문제를 키우기만 한다. 잘못 쓰면 지적으로나 사회적으로나 비웃음을 사는데 굳이 whom을 사용하는 위험을 무릅쓸까?

일반적으로 문법 학습은 옳고 그름 사이의 아슬아슬한 줄다리기를 놓고 타협하는 것이라고들 한다. 그러나 위의 사례들은 표준 영어란 일련의 대안 구문들을 포괄하는 개념이며, 사용자들은 매체, 맥락, 사용역, 격식성 등 다양한 요인들을 고려하여 언어를 사용한다는 사실을 보여준다. 모든 상황에서 사용하는 단 하나의 유일한 옳은 형식이 존재한다는 주장은 언어의 융통성 및 소통 기능과 화용적 기능을 불필요하게 축소한다. 제5장과 제6장에서는 이러한 견해를 좀더 살펴본 뒤, 수많은 영어 변이형들의 존재가 오히려 영어의 풍부성과 다양한 형식 및 기능을 보여주는 증거라는 사실을 탐구하겠다.

제5장

변이어

Varieties

방언

느슨하게 보았을 때, 방언이라는 말은 지역의 언어 형식이라는 말과 동의어처럼 느껴진다. 그러나 전문적인 의미에서 방언은 그 말의 어원인 그리스어 dialektos말하는 방식 그대로 구체적인 언어 유형이라면 무엇이든 가리킬 수 있다. 지역 방언이라는 말은 한 국가의 특정 지역에서 사용되는 언어를 가리키는 반면, 사회적 방언 또는 사회 방언이라는 말은 제4장에서 살펴본 표준 영어처럼 특정 사회 집단에서 사용되는 언어를 일컫는다. 이 장의 첫 절에서는 언어가 지역에 따라서 어떻게 달라지는지 살펴보고, 그다음 절에서는 용법에 따른 언어의 변이를 고찰해보도록 하겠다.

이미 잘 확립된 개념임에도 불구하고, 지역 방언이 무엇인지는 집어내기가 어렵다. 흔히 데번 지역 등 영국의 넓은 한 지역의 방언에 대해서 많은 말들을 하지만, 과연 그런 방언이 딱 하나만 있다고 단정할 수 있을까? 물론 데번 주와 같은 넓은 지역에는 몇 개의 방언이 있을 수 있다. 하지만 그렇다면 그곳에는 몇 개 정도의 방언이 있으며, 그 경계선은 어디일까? 데번 방언과 도싯과 서머싯 방언 등 주변의 남서 지역 사이에는 분명한 차이가 있을 수 있지만, 그 차이는 지도상의 경계선과 산뜻하게 맞지 않을지도 모른다. 데번과 도싯 사이를 여행하면서 언어 용법의 차이를 감지하더라도 대개는 사소하고 종종 인지하기도 어려운 것들일 것이다. 이런 방언들의 점진적 음영 효과를 학자들은 "방언 연속선dialect continuum"이라고 부른다.

방언과 언어의 차이를 규명하고자 할 때에도 이와 유사한 문제가 발생한다. 피상적으로 보면 이 구분은 간단해 보인다. 독일어는 독일에서 사용되는 언어이고, 네덜란드어는 네덜란드의 언어라고 정의할 수 있기 때문이다. 따라서 종종 언어를 국기가 달린 방언a dialect with a flag이라고 정의하기도 하는데, 이는 그런 구분이 언어에 따른 것이 아니라 사회정치학적인 구분이라는 사실을 깨닫게 해준다.

역사적으로 볼 때 독일어와 네덜란드어는 서게르만어(영어도 여기에서 나왔다)에서 파생된, 서로 관련이 깊은 언어이다. 물론 두 언어의 공식 명칭은 국경에 따라서 변하지만, 독일과 네덜란드의 국경을 가로질러 여행하다보면 현실적으로 국경 근처의 방언들이 놀라울 만큼 유사하다는 사실을 알게 된다. 덴마크어와 노르웨이어는 유사성이 매우 커서 상호 이해가 가능할 정도이며, 정도는 약간 덜 하지만, 덴마크어와 스웨덴어도 마찬가지이다.

영어에 대한 정의 역시 이와 유사하게 복잡하다. 특히 오늘날에는 다양한 국가에서 영어를 사용하기 때문에 더욱 그렇다. 가령, 미국 영어와 영국 영어는 다른 언어라고 볼 만큼 충분히 다를까, 아니면 둘 다 영어의 한 유형일까? 이 문제는 제6장에서 다룰 주제이다. 그렇다면 영국 내에서 사용되는 변이어들 사이의 구분은 어떨까? 이 질문과 관련해서는 스코트어와 영어가 특히 곤란한 사례이다.

스코트어

스코트어Scots 또는 Scottis는 오늘날 스코틀랜드에서 사용되는 몇몇 언어 가운데 하나이다. 영어와는 공통점이 많지만, 스코트어는 중요한 측면에서 표준 영어나 스코틀랜드 표준 영어(기본적으로 표준 영어이지만 스코틀랜드식으로 발음한다)와 사뭇 다르다. 영어와 스코트어 사이의 유사성은 그 둘의 역사적 관계의 결과물이다. 스코트어가 험버 강과 포스 강 사이 지역에서 사용되던 고대 영어의 노섬브리아 방언에서 파생되었기 때문이다. 스코틀랜드 왕국이 북잉글랜드로부터 분리되면서 그 방언도 국경 이남 지역의 방언에서 갈라져 나갔는데, 이 북부 변이어를 이전에 부르던 잉글어Inglis가 아니라, 스코트어라고 부르게 된 것이다.

스코트어와 영어 사이의 중요한 언어적 차이들은 대부분 고대 스코트어 시기1100-1700부터 등장한다. stan("stone"), ham ("home")과 같은 고대 영어 단어들의 "aa" 소리가 중세 영어 남부 방언에서 stoon, hoom처럼 원순음lip-rounding 발음으로 바뀐 반면, 스코트어는 "aa" 소리를 유지하면서 현대 스코트어의 stane와 hame을 탄생시켰다. 한편 중세 영어의 foot에서 볼 수 있는 장모음 "oo" 소리는 고대 스코트어에서 좀더 입의 앞쪽에서 발음되도록 바뀌었는데, 이것이 바로 오늘날 현대 스코트어에서 fuit("foot"), guid("good") 발음이 생긴 연유이다.

고대 스코트어 방언들은 영어의 발음을 혁신적으로 바꾼 16세기의 대모음추이(제2장 참조)로부터 부분적으로만 영향을 받았다. 영어에서는 house와 같은 단어의 장모음 "uu" 소리가 이중모음(diphthong, 남부 영어의 house 발음에서 들리는 별개의 두 모음 소리 "아우")으로 바뀌었지만, 스코트어에서는 이러한 변화가 일어나지 않았다. 그 결과 현대 스코트어 방언들은 how나 now 같은 단어에서 중세 영어의 "uu" 소리를 유지하고 있다. 스코틀랜드 만화『브룬네 가족들The Broons』(영어 제목 The Browns)를 떠올려보라.

스코트어는 자음 발음에서도 표준 영어와 차이를 보인다. 가령 스코트어는 which, when, what과 같은 단어에서 중세 영어의 "hw" 소리를 유지하고 있는데, 이 소리는 15세기에 대부분의 영어 발음에서는 사라졌다. 표준 영어에서도 철자는 유지되고 있지만 말이다.

가장 명확하게 차이가 드러나는 분야는 발음이지만, 스코트어와 표준 영어는 문법과 어휘에도 많은 차이가 있다. 문법적 차이의 예를 들자면, 표준 영어에서는 "needs washing"이라고 할 것을 스코트어에서는 "Your hair needs washed"라고 하는 등의 동사 구문의 차이, yous("you"의 복수), thir("these"), thae("those") 등의 대명사의 형태 차이 등을 꼽을 수 있다. 또한 통사 구문으로는 "the back of 6"가 6시 정각 이후의 생산 가동 단축을 가리킨다는 것 등이 있다.

스코트어 화자들만이 사용하는 단어들도 있다. wee("small"), dreich("dreary"), fearty("coward"), glaikit("stupid"), oxter("armpit") 등이 그 예인데, 이는 종종 게일어Gaelic, 노르웨이어, 프랑스어 등의 다른 언어들을 차용한 결과이다.* 게일어에서 파생된 스코틀랜드 문화와 밀접하게 관련된 수많은 단어들은 현재 표준 영어로 들어와 있다. 그 예로는 claymore게일어 claidheamh mòr("great sword") 혹은 whisky게일어 uisge beatha("water of life") 등이 있다.

고대 스코트어의 풍부한 문학적, 언어적 유산에도 불구하고, 스코트어의 역할은 1603년 스코틀랜드의 제임스 6세가 영국 왕위에 등극하고 1707년 의회가 통합된 이후 크게 바뀌었다. 통일

---

* Gaelic이라는 용어는 아일랜드 및 스코틀랜드 지역의 인종과 언어를 합쳐서 가리키는 말로서, 특히 스코틀랜드 지역의 언어는 Scottish Gaelic이라고 부르기도 한다. Scottish Gaelic은 아일랜드어Irish Gaelic와 함께 켈트어족에 속하는 대표적인 언어이다.

이 되면서 스코틀랜드에서는 스코트어 대신 영어를 사용하게 되었다. 가령, 불가타역 라틴어 성경 대신 자국어로 쓰인 영어 성경이 나왔을 때, 그 성경은 스코트어 성경이 아니라 스코틀랜드 제임스 왕에게 헌정된 권위역 성경이었다. 그 결과, 스코트어가 오늘날에도 널리 사용되고 있고 스코틀랜드의 민족주의자들 사이에서 중대한 문화적 자본으로서 지위를 유지하고 있음에도 불구하고, 스코틀랜드에서는 표준 영어와 표준 스코틀랜드 영어가 모두 특권층 언어로 대접을 받게 되었다.

영어 혹은 다른 독립 언어들과 마찬가지로 스코트어에도 뚜렷하게 구분되는 방언들이 있다. 오크니와 셰틀랜드에서 사용되는 섬 방언, 도리스 방언을 포함한 애버딘 북동부의 북부 방언, 중부 방언, 그리고 국경 지역에서 사용되는 남부 방언 등이 여기에 해당된다. 스코트어에는 존 제이미슨의 『스코트어 어원 사전An Etymological Dictionary of the Scottish Language』1808에서 시작된 나름의 기록 전통이 있다. 비록 존슨 박사의 전기 작가 제임스 보즈웰이 쓴 미완, 미출판의 스코트어 사전 원고가 최근에 발견되기는 했지만, 제이미슨의 사전은 비표준 영어 양식을 기록하고자 했던 최초의 사례였다. 그러나 제이미슨의 본문과 뜻풀이는 모두 표준 영어로 작성되었다.

총 12권짜리 『고대 스코트어 사전Dictionary of the Older Scottish Tongue』(12세기부터 17세기 말까지 시기를 다룬다)과 총 10권짜리 『스코트어 국립 사전Scottish National Dictionary』(18세기부터 현재

까지 자료로 구성되었다)은 최근 전자 형태로 통합되어서『스코트어 사전Dictionary of the Scots Language』이 되었고, 스코트어 및 그 사용자들에게 스코트어 역사 연구를 위한 소중한 자료를 제공하고 있다. 영어에서『옥스퍼드 영어 사전』이 하는 역할과 비슷한 것이다. 그러나 이러한 자료에도 불구하고 오늘날 표준 스코트어라고 부를 만한 방언은 없다. 20세기에 들어 랄런스Lallans라는 인위적인 표준 글 언어를 만들려는 시도가 있었지만, 넓은 지지를 얻지는 못했다.

스코트어는 영어의 한 방언일까, 아니면 그 자체로 독립된 언어일까? 언어적 증거를 보면 둘 다 맞는 것 같다. 방언 연속선상의 어느 지점에서는 영어와 상호 이해가 가능하지만, 섬 방언 및 도리스 방언 등 다른 지점에서는 언어적으로 멀리 떨어져 있다. 그러나 궁극적으로, 이 질문에 대한 답은 언어적 요인보다는 정치적 성향에 따라서 더 크게 좌우된다. 앞에서 살펴본 네덜란드어와 독일어, 그리고 덴마크어와 노르웨이어는 상당한 언어적 유사성을 가진 별개의 언어들로서, 스코트어와 영어의 관계를 가늠해볼 수 있는 매우 유용한 비교 대상이다. 스코틀랜드의 독립을 원하는 스코트어 화자들은 스코트어를 별개의 언어라고 보는 경향이 있는 반면, 통일을 유지하고자 하는 사람들은 자신들의 언어가 영어와 밀접하게 관련되어 있다고 보며 만족하는 듯하다.

태도

지역적 변이어라는 지위에도 불구하고, 현대 영어 방언들은 오늘날 표준 영어보다 열등하다고 간주된다. 지역 변이어에 대한 이러한 낙인은 비교적 최근 현상으로, 언어적 요인보다는 사회적 편견의 결과이다. 제4장에서 강조했듯, 변이형들의 등장은 언어의 자연스러운 현상이다. 따라서 지리적으로 분리된 지역에서 영어의 형태가 조금씩 달라지는 것은 충분히 예상할 수 있는 일이다.

초창기 영어를 예로 들어보자. 고대 영어에는 서색슨 방언(West Saxon, 웨섹스 왕국과 관련된 방언)과 켄트 방언Kentish, 머시아 방언(Mercian, 중부에서 사용되는 방언), 노섬브리아 방언(Northumbrian, 험버 강 이북에서 사용되는 방언) 등 최소한 네 가지 방언이 존재했다는 명백한 증거가 있다. 단일 표준 방언이 없었던 중세 영어 시기의 문서들도 다양한 변이형들이 있었음을 보여준다. 방언 사이에 변이형이 매우 다양해서 다른 방언보다 우세하다고 여겨질 만한 특정 방언은 없었다.

방언에 대한 편견이 시작되는 증거는 15–16세기에 찾아볼 수 있다. 존 트레비사라는 이름의 연대기학자의 글은 초창기 흔적이 남은 사례로, 이 글에서 그는 노섬브리아 방언이 지나치게 "날카롭고, 통렬하고, 귀에 거슬리고, 또 볼품없어서" 자신과 같은 남부 사람들은 알아들을 수가 없다고 불만을 토로한다. 17세기 초반에 알렉산더 길이 라틴어로 쓴 글은 "서방어

(Occidentalium, 또는 당시의 서부 방언)"를 "가장 야만적인" 말이라고 지적하면서 서머싯 농부의 영어는 외국어로 착각하기 쉽다고 주장하기도 했다.

이런 사례들이 있기는 하지만, 18세기 이전까지만 해도 방언을 둘러싼 사회적 편견은 완전히 드러나지 않았다. 그러나 18세기 이후 지방의 말투는 사회적으로, 지적으로 열등하다는 표식이 되었다. 『영국 섬을 가로질러라*Tour Thro'the Whole Island of Great Britain*』1724–1727에서 대니얼 디포는 당시 현지인들에게는 욕설 jouring이라고 알려졌던 데번 지방의 "천박한 촌 말투"를 접한 경험을 보고하며 그것이 외부인들은 거의 알아들을 수 없는 말투라고 말한다. 한 학생이 성경을 들고 "Chav a doffed me cooat, how shall I don't, chav a wash'd my veet, how shall I moil'em?"라고 읽는 것을 들은 디포는 그 "노련한 지진아"가 읽은 단어나 철자를 표준어로 하면 "I have put off my coat, how shall I put it on, I have wash'd my feet, how shall I defile them?(내가 옷을 벗었으니 어찌 다시 입겠으며 내가 발을 씻었으니 어찌 다시 더럽히랴)"「아가」 5장 3절였음을 발견하고 놀랐다고 기록하고 있다. 이 짧은 일화는 오늘날 영국에 팽배한 방언을 둘러싼 수많은 편견, 또는 추정들을 엿볼 수 있게 한다.

악센트

방언과 악센트는 동의어처럼 느슨하게 사용되기도 하지만, 전문적인 관점에서는 구분되는 개념이다. 악센트는 전적으로 발음을 지칭하는 반면, 방언은 악센트와 문법, 어휘를 포함한다. 모든 영어 화자들은 악센트를 사용하지만, 흔히 공인 발음 화자들은 악센트가 없다고들 한다. 공인 발음이 일종의 표준으로서 다른 악센트를 평가하는 기준이 되고, 또 지역에 제약을 받지 않는 언어라고 여겨지기 때문인 듯하다.

영어의 악센트들은 무수히 복잡한 방식으로 차이를 보인다. 언어학자 피터 트루드길이 제안한 다음 문장은 다양한 방언 화자들을 구별해줄 주요 기준들을 갖추고 있다. "Very few cars made it up the long hill(그 기나긴 언덕을 올라간 차들은 별로 없었어)." 이 문장에는 중요한 방언들을 구별해줄 여러 기준들이 있는데, 가령 어떤 사람이 남부식으로 "up"이라고 하는지 북부식으로 "oop"이라고 하는지, 또 hill에서 초성 "h"를 빼는지 넣는지, car에서 "r"을 빼는지 넣는지 등이 그렇다. 일부 언어의 역사를 참고하면 이런 특성들의 지리적 분포를 설명할 수 있는데, 이는 오늘날 r 발음(rhotic accents, 모음 뒤 "r"을 발음하는 것)과 r 없는 발음(non-rhotic accents, 모음 뒤에서 "r"을 발음하지 않는 것)의 분포를 통해서 알 수 있는 것과 같다.

현대 영어 철자를 보면 알 수 있듯이, r 발음은 철자법이 표준화되던 15세기 런던 지역의 발음을 반영한다. 철자 기록을 보면 r 없는 발음이 동앵글리아East Anglia 지역에서 처음 나타난 뒤 16세기에 수도 런던 지역으로 퍼져나갔음을 알 수 있다. r 없는 발음은 19세기에 상류층 언어로 완전히 받아들여졌는데, 이는 비평가들이 thorns/fawns와 같은 "코크니 운율"을 쓴다며 시인 존 키츠1795-1821를 비난한 데에서 알 수 있다.

"r"을 탈락시키는 발음은 18세기에 이르러 영국 대부분의 지방으로 퍼져나갔고, "r"을 발음하는 현상은 이제 지리적으로 서남부, 북서부 및 북동부 등 영국의 일부 외딴 지역 발음의 특징으로 남아 있다. 이런 분포는 "r" 탈락 발음이 15세기 이후 동부 방언에서 시작되어 바깥쪽으로 퍼져나가고 있음에도 아직 이 외딴 지역에까지 영향을 미치지는 못했음을 보여준다. 이런 전개 과정을 놓고 볼 때, 일정 단계에 이르면 모음 뒤 "r" 발음이 영어 발음에서 완전히 소실되리라고 예측할 수 있다. 다만 이 과정이 완결되는 시점이 정확히 언제일지는 확실히 알 수 없다.

방언 문법

지역 발음이 매력적이라거나 우호적이고, 믿음을 준다는 등의 긍정적인 연상을 불러일으키기도 하는 반면, 지역 문법은 거의 예외 없이 부정적으로 비춰지는 듯하다. 나아가 발음은 대개 지리적인 성질로만 고려되지만, 방언 문법은 종종 지역적, 사회적 요인들과 혼동된 채 논의되기도 한다. 한 예로 이중부정문은 오늘날 널리 퍼져 있기 때문에 비표준 혹은 틀린 영어로 비춰진다. 그러나 최근 방언 연구에 따르면, 이중부정은 북부 방언에서 현저히 드물게 나타나기 때문에 일종의 지역적인 현상으로 볼 수도 있다.

　비표준 방언non-standard dialect과 비격식 용법informal usage을 혼
동하는 경우 역시 흔하다. 그러나 지역 방언을 쓰면서 격식어법
을 채택할 수 있는 것과 마찬가지로, 표준 영어를 쓰면서 비격
식 어투로 말하는 일도 완전히 가능하다. 다음 두 문장을 비교
해보자.

You are making me bloody cross.

You is making me extremely irate.

(당신은 나를 매우 화나게 만들고 있어요.)

　첫 문장은 표준 영어 문법에 맞춰 쓴 것이지만 금기어 bloody
를 포함해서 비격식성 어휘를 사용하고 있다. 두 번째 문장은
비표준 동사 구문 is making을 쓰고 있는데, 단어 선택의 차원에
서는 보다 격식을 갖춘 문장이다.

　격식을 갖춘 맥락에서 비표준 변이어로 말하는 것을 듣기란
현실적으로 매우 드물다. BBC 날씨 예보에서 다음과 같은 말이
나오면 여러분은 어떻게 반응할까? "I'm stood outside the BBC
weather centre. The weather is somewhat inclement but there
ain't no sign of precipitation(저는 지금 BBC 기상 센터 바깥에
서 있습니다. 날씨가 다소 굳기는 하지만 비가 내릴 징후는 없
습니다)." 어휘는 예상대로 격식체이지만, 문법상으로는 비표준

어이다. 이 문장이 이상하게 들려야 할 언어적인 이유는 전혀 없다. 이는 순전히 사회적 현상으로, 격식체 언어라고 하면 으레 표준 영어를 연상하는 일에 우리가 익숙하기 때문에 야기된 것이다. 이런 현상은 노르웨이나 스위스에서는 격식을 갖춘 상황에서도 사투리로 말하는 것을 아주 쉽게 들을 수 있다는 점에서 더욱 명백해진다.

표준 영어에 비해서 언어적으로 열등하다고 취급당하기는 하지만, 방언 문법은 때때로 표준 영어의 고정 형식에 의해서 인위적으로 변화를 중지당한 결과인 경우가 허다하다. 가령 방언들은 표준 영어에서 사용하는 단순화된 현재시제 동사 곡용을 채택하는 경향이 있다. 표준 영어는 다음과 같은 형태를 보인다.

I	take
You단수	take
He/She/It	takes
We	take
You복수	take
They	take

이는 영어의 예전 발달 단계에서 보이던 동사 곡용을 단순화한 형태로, 예전에는 어미가 훨씬 다양했다. 참고로 여기 이 동사의 중세 영어1500년경의 곡용 형태를 보자.

I	take
Thou	takest
He/She/It	taketh
We	taken
Ye	taken
They	taken

표준 영어에서는 "-est" 또는 "-en" 어미가 "-e"로 축소되었고, 3인칭 단수의 경우 북부 방언의 "-s"가 남부의 "-eth"를 대체했다. 이는 17세기 초반에 완성된 변화로서, 셰익스피어가 살아 있던 시기에도 진행되고 있었다. 따라서 셰익스피어의 초기 희곡에서는 후기 작품에 비해서 "-eth" 어미가 훨씬 더 많이 쓰인다는 사실을 확인할 수 있다.

표준 현대 영어 체계가 이전 변이어들에서 보이던 독특한 어미 대부분을 잃었다고는 하지만, 잉여적이기는 "-s" 어미도 마찬가지이다. 주어에서도 동일한 정보가 주어지기 때문이다. 이러한 잉여성은 오늘날 일부 영어 방언들에서는 더 정리가 되어 아래처럼 훨씬 더 단순한 체계를 보여준다.

I	takes
You	takes
He/She/It	takes

We	takes
You	takes
They	takes

또다른 단순화 형태로는 아예 "-s" 어미도 생략하고 모든 인칭이 어미 없이 표현되는 방식으로, 여러 영어 방언에서 발견된다. 노리치 방언이나 치카노 영어(Chicano English, 스페인계의 영향을 받은 영어의 한 형태로 제6장에서 논의), 아프리카계 미국 영어 등이 이에 속한다.

2인칭 복수 대명사 ye가 현대 영어의 you로 바뀌는 현상도 더 큰 과정의 일부로 이해할 수 있다(이 과정은 굴절어미의 평준화 levelling에 따른 대명사의 감소 현상을 포함한다). 역사적으로 대격 형태였던 you 대명사는 격 표시 체계가 고정 어순에 의존하는 체계로 바뀌면서 더 이상 세분화된 대명사 형태를 필요로 하지 않게 되었다. 그 결과 이전까지 구분되어 있었던 대격직접목적어과 여격간접목적어 대명사가 하나로 통합되었다. 이 통합은 구어체에서 주어 대명사에도 영향을 주었고, ye는 you로 완전히 대체되었다.

오늘날 주격 대신 목적격 대명사를 사용하는 경향은 구어체 영어에서 흔한 일이 되었지만, 종종 순수론자들, 특히 "Me and Billy are going to the shops"와 같은 문장을 격렬하게 반대하는 사람들에게서 비판을 받는다. 그러나 이는 초기 현대 영어 시기로까지 거슬러 올라가는 명확히 자연스러운 경향으로, 18세기 규범주의prescriptivism에 의해서 인위적으로 중단되지 않았더라면 I를 me로 대체했을 수도 있다.

표준 방언과 비표준 방언의 구분이 단순화만으로 이루어진다고 볼 수는 없다. 대명사 체계에서 보이는 중세 영어와 현대 영어의 중요한 차이는 2인칭 대명사 thou의 탈락이 촉발한 단수/복수 구분의 소실이다. thou의 탈락은 현대 영어 대명사 체계에 공백을 만들었고, 단수 you와 복수 you의 구분을 불가능하게 만들었다. 그러나 많은 방언들은 yous, yez, y'all과 같은 대체 복수 대명사 형태를 발전시켰고, 일부 현대 영어의 북부 방언은 thou 대명사를 유지함으로써 문제를 피해갔다. 이렇듯 혁신적인 과정은 방언 문법이 불가피하게 단순화된 문법이라거나 언어적으로 우세한 표준 영어를 타락시키는 현상이라는 주장을 바로잡아주는 유용한 역할도 한다.

방언 어휘

방언 문법이 일반적으로 부정적인 사회적 인상을 주는 반면, 지역 방언의 어휘는 종종 애정의 대상이자 지역 정체성과 밀접하게 연관 지어 받아들여지기도 한다. BBC의 대규모 프로젝트 "목소리 프로젝트The Voices Project"는 2004-2005년 동안 영국 전역의 지역 방언 어휘를 수집하고자 진행되었다. 대단히 열광적인 환호를 받은 이 프로젝트는 매우 풍부하고 다양한 단어들을 추출해내면서 방언 어휘의 생동감과 지속성을 보여주었다.

이 프로젝트에서 선택한 범주 가운데 하나인, 어린이들이 체육시간에 신는 부드러운 신발을 지칭하는 단어는 50가지 이상의 형태들이 프로젝트 웹사이트에 제출되었다(상자 8). 이렇듯 매우 풍부한 지역 방언 단어들이 보고된 사례는 구체적인 사물에만 국한되지 않았다. 추위를 느끼는 것과 관련된 단어 역시 nesh, shrammed, nobbling, foonert, chanking, braw 등으로 다양했다.

폄하성 용어들derogatory terms에도 다양한 지역 어휘가 있는 것으로 나타났다. "싸구려 옷가지나 치장을 하고 있는 어린 사람"을 가리키는 용어가 무엇인지 제출해달라고 하자, 매우 다양한 범위에서 경멸의 정도를 표현하는 단어들이 보고되었다. 이때

상자 8 BBC "목소리 프로젝트"에 수집된 방언 어휘들

체육시간에 신는 부드러운 어린이용 신발 pumps, daps, plimsolls, gutties, sandshoes, gym shoes, plimmies, sneakers, sannies, runners

무단결석 skive, bunk off, wag, skip, mitch, dog, hookey, twag, sag, nick off

돈이 없음 skint, poor, hard up, brassick, penniless, short, boracic, potless, strapped, stoney

왼손잡이 cack handed, lefty, left handed, southpaw, corrie fisted, caggy handed, sinister, caggy, left hooker, keg handed

---

함께 첨부된 지도들은 이 단어들 중에 chav 등의 단어가 가장 널리 사용되고 있으며, 다른 단어들은 특정 지역에서만 쓰인다는 사실을 알려준다. 런던에서 가장 자주 사용되는 말은 pikey였고, scally는 주로 북서부 지역에서, charva는 북동부 지역에서 사용된다. 반면 ned는 주로 스코틀랜드 서부 지역에서 사용되고 있다.

전망

BBC의 "목소리 프로젝트"를 보면 영국에 방언 어휘가 넘쳐나는 것처럼 생각할 수 있지만, 이 단어들이 각자의 지역 공동체 내에서, 또는 세대를 뛰어넘어 얼마나 확장되어가고 있는지 판단하기는 여전히 어렵다. 제4장에서 하구 영어가 어떻게 남동 지역을 넘어 확대되어가는지 살펴보았기 때문에, 혹자는 시골 지역의 전통 영어 방언들이 사라지는 것은 아닌지 궁금해할지도 모르겠다.

지역 방언에 위협을 가하는 현상은 하구 영어의 확대만이 아니다. "평준화"로 알려진 과정은 시골 지역 방언의 구분을 점차 희미해지게 만들고 있다. 평준화란 전에는 서로 구분이 명확했던 방언들이 서로 유사해지는 현상이다. 이는 방언 차이가 완전히 사라지고 있다는 것, 즉 미래에는 모든 사람들이 표준 영어 또는 하구 영어를 쓰게 되리라는 것을 의미할까?

이런 생각은 전혀 새로운 것이 아니다. 방언에 대한 편견은 산업혁명과 도시화로 인한 주요 사회적 변화들과 엮이면서 19세기 문헌학자들에게 지역 방언들이 뿌리 뽑힐지도 모른다는 두려움을 심어준 바 있다. 이에 대한 대응으로 1873년 스키트가 설립한 영어방언학회English Dialect Society는 자료 수집을 시작하여 조지프 라이트의『영어 방언 사전English Dialect Dictionary』1898–1905 및『영어 방언 문법English Dialect Grammar』1905를 출판하기에 이르렀다.『영어 방언 문법』의 서문에서 라이트는 자신의 저서에 기록된 방언들은 이 책의 출간 후 20년 이내에 완전히 사라질 것이라고 예측했다.

이후 1940년대에는 리즈 대학교의 영문학 교수 해럴드 오턴이 방언 자료를 수집하기 위한 체계적인 노력을 시작했다. 이 프로젝트에서는 영국 전역의 300곳이 넘는 지역을 대상으로 현장 조사를 실시했는데, 가장 보수적인 언어 형식을 추출하기 위해서 시골 지역의 노년 노동자 계층 남성(Non-mobile Older Rural Males, NORMs, 비이동 노년 시골 남성)들의 언어를 수집했다. 연구자들은 제보자들을 인터뷰해서 농업, 가사, 동물 및 자연과 관련된 주제 등 1,300여 개 언어 형식을 기록했다. 이 프로젝트는 수집 자료를 4권1962–1971으로 출판하고, 이후 방언 어휘 및 발음의 지리적 범위를 보여주는 지도가 첨부된『영국의 언어 지도The Linguistic Atlas of England』1978를 출판하면서 정점에 이르렀다(그림 9). 1950년대에는 기술이 발전하면서 제보자들과의 인터뷰가 보다 쉽게 녹음될 수 있었고, 일부 녹음의 원본은 오늘날 대

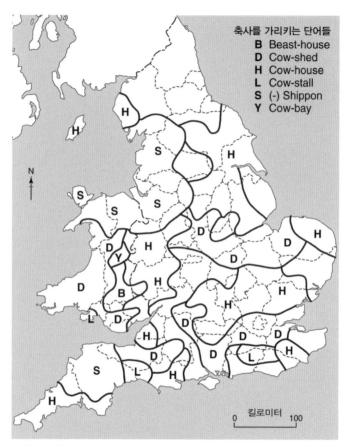

그림 9 방언지도 | 잉글랜드 및 웨일스에서 축사를 가리키는 단어들

영 도서관 웹사이트에서 구할 수 있다.*

　해럴드 오턴 교수의 프로젝트를 이끌었던 스탠리 엘리스는 녹음 기록이 따라갈 수 없을 정도로 전통 방언들이 매우 빨리

---

* 이 사이트의 주소는 223쪽에 있다.

사라져가고 있기 때문에 그 프로젝트는 시의적절했고 촉박한 일이었다고 말한다. "오늘날에는 현장 답사원이 어떤 마을을 방문하면 종종 너무 늦게 왔다는 말을 듣는다. 예전 언어 형식에 대해서 대답해주기에 적합한 노인 모모 씨가 얼마 전에 돌아가셨노라고, 그래서 이제 그런 인물은 없노라는 말이다."

1962년 미국에서도 프레더릭 캐시디가 편집자로 지명되면서 지역 방언 어휘를 수집한『미국 지역 방언 사전*Dictionary of American Regional English*』의 출간 작업이 공식적으로 시작되었다. 자료의 수집 및 출판은 줄곧 1889년 설립된 미국방언학회American Dialect Society의 지원하에 이루어졌는데, 이 학회는 같은 해에 시작된 라이트의『영어 방언 사전』모델에서 큰 영향을 받았다.

『미국 지역 방언 사전』의 자료는 가정 물품, 농사, 꽃, 어린이 놀이, 종교 및 돈 등에 대한 1,600여 개 질문에 대한 답변을 토대로 만들어졌는데, 80명의 현장 조사원들이 1965-1970년에 미국 전역 1,000곳 이상의 지역에서 인터뷰를 진행하며 수집했다(상자 9). 제보자들에게는 격식을 차리지 않는 말투로 말하라고 요청했고, 미국 영어의 중요한 발음 변이형들을 전부 담고 있는 지정 본문 "Arthur the Rat"을 읽혔다. 이 방언 사전의 완성본은 1985년부터 2012년 사이에 5권으로 출판되었고, 2013년 이후에는 온라인으로 전자 사전 서비스도 제공하고 있다. 독자들은 사전 설명 옆에 제공된 지도를 통해서 해당 항목이 어디에서 녹음되었는지 알 수 있으며, 제보자의 나이, 인종, 성별, 교육 수준을

feest disgusted with, sated by, made nauseous by, nauseated.
honeyfuggle to swindle or dupe, to intend to cheat or trick.
larruping delicious, excellent.
mulligrubs a condition of despondency or ill temper, a vague or
imaginary unwellness.
rantum scoot an outing with no definite destination.
toad-strangler a very heavy rain.
yee-yaw to swerve back and forth, wobble.

비롯한 배경 등의 보충 자료도 함께 살필 수 있다.

현대 방언학 연구는 NORMs 계층에 집중하고 고정 설문지에
의존하는 등의 방법론을 사용하는 대신, 제보자 집단의 인구 계
층을 확대하고 언어 변수들도 보다 폭넓은 문체를 대상으로 삼
아 분석한다. 또한 인터뷰 대상자를 정해진 시골 지역의 노인들
로만 고정하지 않고, 지리적으로, 사회적으로 유동성이 강한 사
람들, 특히 언어적 혁신을 이끄는 경향이 있는 젊은 세대의 말을
중심으로 조사한다. stretcher가죽끈으로 동여맨 앞쪽 말이 쏠리지 않도록
하기 위해서 사용하는 나무 막대처럼 다소 난해한 농사 용어의 사용을
이끌어내기 위해서 "저건 뭐라고 불러요?"라고 질문하며 단답
형 대답을 유도하던 방식 또한 더 이상 사용하지 않는다. 현대
방언학자들은 단어 목록 읽기, 본문 읽기, 가벼운 대화에 참여
하기 등 다양한 형식으로 자료를 추출한다.

연구 결과에 따르면 초창기 방언학자들은 일부 지역 방언이 사라지는 현상에 주목했다는 점에서 분명히 옳았지만, 이것을 지역 언어의 종말로 해석한 점에서는 틀렸다. 최근의 연구 결과는 예전의 시골 방언들이 새로운 방언으로, 그것도 신흥 도심부 방언으로 대체되고 있음을 보여준다.

이와 비슷한 현상이 밀턴 킨스와 같은 신도시에서도 관찰된다. 기록을 살펴보면, 1960년대에 형성된 이곳에서 나고 자란 1세대 어린아이들은 부모님이나 주변 버킹엄셔 지역 현지인들이 사용하는 방언을 거부하고, 대신 코크니 및 하구 영어 등 남동부 방언의 특징들을 다양하게 채택하고 있다. 비슷한 맥락에서 레딩과 헐 지역에 대한 병행 연구에서도 지리적으로 떨어진 방언들 사이의 차이가 줄어드는 방언 평준화 현상이 진행되고 있는 것으로 드러났다. 이처럼 평준화된 방언의 자리에는 새로운 지역 방언이 대신 출현하고 있으며, 사람들이 도심 내부에서 교외 지역으로 이동해감에 따라서 더 넓은 지역으로 퍼져나가고 있다.

한편 일반적인 지역 방언의 평준화와 반대 방향으로 진행되는 현상도 있다. 바로 방언 언어를 정체성 및 소속감과 연관 지으려는 노력이다. 정체성, 소속감 등의 가치들이 지역 방언을 강화하고 보존하는 데 어떤 역할을 하는지는 미국의 사회언어학자 윌리엄 라보브의 연구로 밝혀진 바 있다. 라보브는 매사추세츠 주의 섬인 마서스 비니어드 지역 주민들의 언어 패턴을 연구

했는데, 그에 따르면 그 섬의 젊은이들은 무의식적으로 how나 life와 같은 단어를 발음할 때 현지 어부들 위주의 작은 소집단의 특징을 채택하고, 이를 통해서 자신들을 다른 사람들과 구분하려고 했다. 여름마다 뉴잉글랜드 지방에서 마서스 비니어드 지역으로 몰려오는 휴가 인파는 현지인들에게 골치 아픈 문제였다. 따라서 라보브는 젊은이들이 이런 발음을 채택하는 현상이 환영받지 못하는 외지인들보다는 현지 지역 주민들과 자신들을 동일시하기 위한 의도적인 노력이라고 결론 짓고 있다.

사용역

언어는 사용자에 따라서 차이가 날 뿐만 아니라, 용법에 따라서 변하기도 한다. 이를 사용역 변이register variation라고 한다. 영어 사용자로서 우리는 본능적으로 상황에 따라 언어를 맞추면서 언어가 바뀐다는 사실을 깨닫는다. 어린이에게 말할 때나 연설을 할 때, 취업 지원서를 작성할 때, 친한 친구에게 문자 메시지를 쓸 때 등 서로 다른 상황에서 언어가 어떻게 변하는지 생각해 보라. 이때 관여되는 다양한 언어적 변이 또는 수정 현상을 풀어서 설명하기는 어렵지만, 우리가 의식적으로 언어를 특정 상황에 맞게 맞추는 것은 사실이다. 그런 변환은 대부분의 경우 본능적이다. 가령, 아기에게 말할 때 우리는 본능적으로 "엄마 말투motherese"라고 알려진 어린이 언어를 쓴다(일부 아버지도 아이들에게 말할 때 비슷한 말투를 사용한다는 점에 착안한 "아이 지향 언어child-directed speech"라는 용어도 있다). 반면 상황에 따라서 인위적이고 명시적인 교육이 필요한 경우도 있다. 공식적인 서간문 작성의 관행들(편지 하단에 서명을 하면서 "yours sincerely"라고 쓸지, 아니면 "yours faithfully"라고 쓸지)은 따로 배워야 한다.

다양한 사용역과 관련된 언어적 특성들은 중복되는 경우가 매우 많고, 따라서 화자 한 명이 사용하는 다양한 용법을 전부 구분하는 일은 불가능하다. 다음 절에서는 창의적 활동에 관여되는 언어의 융통성 및 잠재력을 조금이나마 음미해보기 위해서 전자 통신과 관련된 새로운 변이형의 출현에 대해 생각해볼 것이다.

전자 담화

언론계는 전자 담화의 언어적 빈약함 및 그로 인한 전반적인 언어의 퇴화 현상을 두고 상당한 우려를 표해왔다. 유니버시티 칼리지 런던의 존 서덜랜드가 2002년 「가디언」에 기고한 바에 따르면, 전자 문자말은 "암울하고, 노골적이면서, 애석하게도 줄임말투성이이다. 칙칙한 정신과 의사 말투……언어학적으로 보면 전부 엉망진창이고……난독증, 엉터리 철자법 및 정신의 나태함을 가리는 가면이다. 전자 문자는 문맹인들의 글쓰기이다." 방송인 존 험프리스는 2007년 「데일리 메일Daily Mail」에 기고한 글에서 문자를 주고받는 세대가 영어를 파괴한다며, 그들을

"800년 전에 칭기즈 칸이 이웃 나라들에게 한 짓을 우리 언어에 행하는 도적들"이라고 비난했다. 하지만 과연 이런 주장에 근거가 있을까? 먼저 전자 통신이 언어학적으로 빈약하다는 견해부터 살펴보자.

신조어

전자 담화의 가장 큰 특징 하나는 새로운 단어 형태를 만들어 내는 현상이다. blog^{weblog}나 app^{application}과 같은 줄임말 형태$^{clipped\ forms}$, blogosphere, twitterverse와 같은 혼합어^{blend}, LOL$^{laughing\ out\ loud}$, TL;DR$^{too\ long;\ didn't\ read}$와 같은 약어^{acronym}, phish나 phreak처럼 화려한 재철자화$^{fanciful\ respelling}$ 등이 여기에 해당된다. teh 또는 pwn과 같은 단어들은 the와 own을 잘못 타이핑하는 현상에서 기인한 것으로 보이는데, 이처럼 한눈에 보아도 잘못된 형식이 허용 가능한지에 대해서는 의문이 들 수 있다.

전자 기술이 출현하면서 새로운 이름을 형성할 때 예쁘지 않다거나 무식하다는 비난을 받는 경우도 많다. television이라는 단어 역시 처음 만들어졌을 때에 비슷한 비난을 받았다. 그리스어의 telos("far")와 라틴어의 visio("see")를 섞었다는 이유였다. 영국의 기자이자 정치인 찰스 스콧은 어원의 뒤섞임은 그 단어의 암울한 운명을 보여주는 전조라며, "이 단어의 절반은 그리스어, 절반은 라틴어인데, 거기에는 아무런 유익이 있을 수 없다"라고 말했다.

이런 종류의 하이브리드 형식은 파울러의 『현대 영어 용법 사전』에서도 비판을 받았다. 그는 그런 "야만적인 엉터리 사례들"을 찾아낼 유일한 방법은 저명한 문헌학자에게 물어보는 것이지만, 그 방식이 항상 현실적이지만은 않다고 인정하기도 했다. 파울러 자신이 강하게 반대하면서 인용했던 예로는 bureaucrat, cablegram, electrocute 등이 있는데, 요즘 기준에 비추어 보면 반대할 이유는 없다. 그가 반대했던 다른 예들도 함께 살펴보면, 파울러가 싫어했던 것은 단어 자체가 아니라 그 단어가 가리키는 내용 또는 물건이었던 듯하다. 이렇듯 현대 기술 및 그로 인해서 가속화된 사회적, 문화적 변화에 대한 반감은 언어적 내용을 향하는 경향이 있다.

신기술 및 소셜미디어의 급속한 발전과 확산은 본질적으로 내집단적이고 반권위적인 정서와 엮여 있다. 따라서 이는 사용을 규제하는 역할을 맡은 사람들에게 특히 도전을 제기한다. 프랑스 트위터 사용자들로 하여금 "#" 기호를 영어 hashtag 대신 mot-dièse라고 부르도록 의무화를 시도했던 프랑스어 아카데미Académie Française의 최근 사례는 그런 선언이 본질적으로 얼마나 무의미한지 잘 보여준다. 이 규제에 반대하는 사람들이 트위터로 몰려가서 온라인 이용자들을 규제하려는 시도를 비꼬면서 #fightingalosingbattle이라는 해시태그를 쓴 것이다. 앞서 email이나 blog와 같은 단어를 금지하려고 했던 이 아카데미의 시도들도 무의미하게 끝나기는 마찬가지였다.

　신기술과 관련된 신조어들에는 다소 장난기가 섞인 듯하지만, 전통적인 방식을 따라서 만들어진 신조어들도 많다. 게르만어의 하나로서 영어는 전통적으로 접사affix, 즉 형태소morpheme라는 문법 단위를 단어 맨 앞에(이 경우를 접두사prefix라고 부른다) 또는 맨 뒤에(이때는 접미사suffix라고 부른다) 추가하면서 새로운 단어를 만들어왔다. 이렇듯 접사를 이용한 방식은 노르만 정복 이후 프랑스어의 영향을 받기 이전까지, 고대 영어의 어휘를 확장하는 매우 생산적인 수단으로 자리잡았다. 이러한 방식은 오늘날 다른 게르만어들에서도 사용된다(제2장 참조).

　고대 영어에서 "un-" 접두사는 부정을 표시하는 용도로 쓰였다. 따라서 friÞ("peace")의 반대는 unfriÞ("war")였으며, 동사에서는 그 행위의 반대를 가리키기 위해서 unbindan("unbind")으로 쓰였다. 최근에는 이와 정확히 동일한 현상이 트위터나 페이스북 등의 마이크로 블로깅 및 소셜미디어 플랫폼의 unfollow 또는 unfriend와 같은 용어에 적용된 것을 볼 수 있다. 『옥스퍼드 영어 사전』에서 그런 단어들을 찾아보면 대부분의 예문은 전자 분야에서 인용되었지만, 딱 하나, 17세기에 작성된 편지의 인용문도 있다. 편지 작성자가 자신의 희망을 표현하는 문장으로, 자신과 편지의 수신인이 "우리 사이에 생긴 이 간극 때문에 비친구화un-friended되지" 않기를 바란다는 내용이다. 이러한 예는 그런 어휘 형식이 전혀 새롭지는 않으며, 전자 담화에만 국한된 현상 또한 아니라는 사실을 일깨워준다.

두 단어를 합쳐서 새로운 단어를 만드는 일, 즉 "포트만토어 portmanteau words"를 만드는 일도 최근의 현상만은 아니다. 포트 만토어는 『거울 나라의 앨리스*Through the Looking-Glass, and What Alice Found There*』에서 앨리스가 「자버워키Jabberwocky」라는 시에 나오는 단어 slithy와 mimsy를 설명해달라고 하자 루이스 캐럴 또는 그의 작품 속 인물 험프티 덤프티가 발명한 말이다. 그의 설명에 의하면 이 단어들은 각각 slimy와 lithe, miserable과 flimsy의 혼합으로, 2개의 다른 부분이 하나로 접혀 있는 포트만토 여행 가방처럼 기능한다.

이 단어들은 살아남지 못했지만, 캐럴이 만든 비슷한 신조어 chortle(chuckle + snort)은 지금도 사용되고 있다. 이렇듯 멋진 단어 외에 smog(smoke + fog), ginormous(gigantic + enormous), Oxbridge(Oxford + Cambridge) 등도 일상적으로 쓰이고 있다. 이러한 혼합어의 사용은 전자 담화에서 가장 두드러지는 특징 이지만(phablet, podcast, webinar, emoticon 등), 다른 분야에서도 흔한 현상이다. 가령 요리 분야에는 brunch, cronut(croissant + doughnut) 등이 있고, 연예 분야에는 docudrama, infomercial 등이 있다.

약어 및 초성어(initialisms, 철자를 따로 발음하는 경우)도 비슷하게 역사가 길다. 『옥스퍼드 영어 사전』에 따르면 비교적 현대적인 느낌을 주는 OMGOh my God의 역사도 1917년까지 거슬러 올라간다. 전자 담화의 한 특징으로 시작된 초성어 LOL은 대화체에서 약어("lol"처럼 한 단어로 발음된다)로 점점 더 널리 사용되면서 VAT, scuba^Self-Contained Underwater Breathing Apparatus, radar^Radio Detection and Ranging의 길을 따라가고 있다.

전자 통신이 생략 현상을 선호함에도 불구하고, 핸드폰 문자를 보낼 때에는 CU("see you"), L8R("later"), H&("hand")와 같은 표어문자^logogram들이 덜 사용된다. 스마트폰은 온전한 키보드를 사용하며, 문자 수에 제한이 없기 때문이다. 초성어 BTW^by the way, IMHO^in my humble opinion, FWIW^for what it's worth 등이 여전히 사용되는 반면, 초창기 핸드폰 문자 사용 안내서에 들어 있던 GD&R^grinning, ducking, and running이나 FOTCL^falling off the chair laughing, 또는 PMIJI^please may I jump in 등은 이제 생소하다는 느낌을 준다.

전자 담화와 관련된 새로운 단어를 만드는 또다른 흔한 방식으로는 전환^conversion(더 많이 쓰이는 말로는 "동사화^verbing") 현상이 있다. 어떤 단어의 모양이나 형태가 변하지 않은 채 바로 품사가 바뀌는 경우이다. "look it up using the search engine Google"이라는 말을 그냥 Google it이라고 하거나, "send me a message on Facebook"를 Facebook me라고, "소셜네트워크 사이트에서 수많은 글의 주제가 되다"라는 말을 trend라고 표현하는 것 등이 전환의 예들이다. 1993년 만화 『캘빈과 홉스^Calvin and Hobbes』(그림 10)는 동사화가 언어를 "이상하게 만든다"는 생각이

그림 10 『캘빈과 홉스』의 "동사화"

전혀 새로운 것은 아니라는 사실을 보여준다. action, dialogue, impact, interface 등에서 알 수 있듯, 이런 류의 전환 용례들은 경영 전문 용어가 영어를 부패시키고 있다고 주장할 때 사용되기도 했기 때문이다. 흔히 동사화가 최근의 유행이라고 생각할

지도 모르지만, 이는 사실 매우 오래된 현상이다. 오늘날 널리 사용되는 rain, bottle, near 등의 평범한 동사들 역시 전환을 겪은 단어들이다.

기술 발전은 신조어의 등장뿐만 아니라 기존 단어들의 용법 변화도 가져왔다. 마우스mouse는 더 이상 존슨 박사가 1755년에 부여한 정의 "집 안이나 옥수수 밭을 다니며 고양이에게 잡히는 작은 동물"에 머물러 있을 수 없다. 마찬가지로 트롤trolls도 이제 다리 밑에 숨어 있다가 멋모르고 지나가는 숫염소나 잡아먹지만은 않으며, 트위팅tweeting은 새들만 하는 것이 아니다. 또 서핑surfing은 보드판surfboard 없이도 할 수 있는 활동이다.

구두점

전자 담화의 화용적 요건이 달라지면서 구두점 표지 사용과 관련된 일련의 관행도 발전하거나 새로 등장했다. 방고리아 bangorrhea라고 불리는 감탄 부호의 남용, 문장 종지부의 생략, 대문자의 남용은 언어 순수론자들로 하여금 전자 담화를 무식하다고 비난하고, 전통 구두점의 미래를 우려하게 만들었다. 그러나 전자 담화는 전통 구두점을 오남용하기는커녕, 구체적인 의미 및 화용적 효과를 전달하기 위해서 구두점들의 목적을 재설정했다.

말로 이루어지는 면대면 대화에서는 말하는 사람이 듣는 사람에게서 끊임없이 피드백을 받기 때문에, 어떤 발화의 효과를 측정하거나 그에 맞추어 조절을 할 수가 있다. 따라서 구어체 대화에서는 표정, 목소리, 억양, 성량, 손 모양 등의 비언어적 단서들을 사용해서 메시지의 올바른 느낌을 전달할 수 있다.

한편 글 언어는 이러한 정보를 전달하기 위해서 구두점에 의존한다. 이때 사용할 수 있는 구두점의 종류와 그 뜻은 이미 정해져 있기 때문에, 전달할 수 있는 태도 정보는 제한적일 수밖에 없다. 메시지를 받는 사람도 물리적 공간에 없기 때문에 작성자가 글을 쓰면서 상대방의 반응을 점검하며 메시지를 고칠 수도 없다. 또한, 대개 소규모 집단 사이에서 이루어지는 구어체 대화와 달리 글 대화는 훨씬 넓은 범위의 모르는 사람들에게, 그것도 아주 오랜 시간에 걸쳐서 읽힐 가능성이 있으므로, 글에 대한 반응을 예측하거나 선제적으로 대응하는 일은 불가능하다.

그렇다면 이메일, 문자, 즉석 메시지instant-messaging, 트위터 등은 말 언어와 글 언어의 이분법에서 어디에 속할까? 문자라는 상징 기호를 이용해서 물리적으로 동석하지 않은 상대방에게 전달되었으므로 전자 메시지는 분명히 글 매체written medium에 속한다. 그러나 전자 메시지는 전통적인 서간문과 다르게 대개 매우 짧고, 신속하게 작성되며, 전통 편지의 공손함을 생략하기도 하고, 수정도 거의 가하지 않는다. 게다가 우체국을 이용하는 소위 "달팽이 우편snail mail"은 며칠 이상의 시간이 걸리는 반면, 이메일은 실시간으로 전송된다. 데이비드 크리스털은 이렇듯 말과 글의 속성이 혼합되어 있는 문자의 특성을 "손가락으로 말하기"라고 규정하기도 했다.

얼핏 표준 구두점 기호들을 오남용하는 듯 보이는 전자 담화의 현상 역시 글 매체로 말과 관련된 태도 및 정서 정보를 전달하기 위한 정교한 시도이다. 표준적인 구두점 기호를 이용해서 의문문과 감탄문을 평서문과 구분할 수는 있지만, 감탄문의 역할을 하는 의문문을 표시할 방법은 없다. 1962년 미국의 광고 회사 사장 마틴 스펙터는 이러한 공백을 메꾸기 위해서 의문 감탄 interrobang을 고안했는데, 이 형태는 전자 통신에서 흔히 볼 수 있는 "What were you thinking?!"처럼 의문 부호와 감탄 부호로 끝난다.

감탄 부호는 전자 시대에 부활했다. 스콧 피츠제럴드는 감탄 부호를 쓰는 일이 농담을 던지고는 혼자 웃는 것과 같다고 간주했고, 파울러는 과도한 감탄 부호의 사용이 초보 작가의 징표이거나 "별로 특별하지 않은 것에 가식으로 특별함을 더하려는" 시도라고 보았다. 그러나 전자 담화에서 감탄 부호가 널리 사용되는 현상을 단순히 자신의 유머를 즐기는 현대인의 징표, 또는 지나치게 특별함을 추구하는 경향의 증거라고 생각하면 안 된다. 연구에 의하면, 감탄 부호는 실제로 사과, 도전, 감사, 동의, 단체감 과시 등 다양한 기능을 수행한다. Calm down! My apologies!처럼, 말싸움을 중재하거나 직접 사과를 하는 등의 시도는 감탄 부호를 사용함으로써 종종 강화되기도 한다.

느낌을 전달하기 위해서는 이모티콘 혹은 스마일리smiley를 추가할 수도 있다. 이모티콘과 스마일리의 초창기 사례들은 이것들이 자판을 조합해서 표정을 만들어 말하는 사람의 느낌을 전달하려는 기발한 시도에서 시작되었음을 보여준다. 가령 기본적인 형태인 :-)부터, 좀더 복잡하고 중의적인 >:\(비관적인 기분을 표현하는 듯함), 또는 ;((냉소적인 느낌을 가미한 슬픔) 등이 있다. 이모티콘과 스마일리는 대개 표현의 범위가 세밀하지 못하므로, 오해의 소지를 품고 있다. 가령, 웃는 얼굴은 여러분이 웃고 있다는 말일까, 아니면 누군가를 비웃고 있다는 말일까? 웃는 입을 겹치면 여러분이 매우 즐겁다는 뜻일까, 아니면 상대방이 이중턱이라는 뜻일까? :-))

아스키ASCII 문자*를 이모티콘으로 사용하면서 발생한 제약들은 새로 나온 이모지emoji, 즉 작은 디지털 그림 문자를 사용해서 감정이나 단순한 개념을 전달하는 전자 통신 수단이 등장하면서 극복되었다. 이모지는 일본어 e그림[絵]와 moji글자[文字]를 합친 것으로, 1990년대 일본의 10대들이 무선 호출기에서 처음 사용한 데에서 비롯해 오늘날에는 거의 800개가 사용되고 있다. 이모지의 사용이 확대되자 메시지 전체를 이모지 부호만으로 구성하는 일도 흔해졌는데, 어떤 언어의 사용자든 이해할 수가 있다. 한 크라우드 소싱 프로젝트는 허먼 멜빌의 소설 『모비 딕

---

* 아스키는 American Standard Code for Information Interchange의 약자로, 미국 정보교환 표준부호로 알려져 있다. 대표적인 영문 알파벳 문자 인코딩 체계의 하나이다.

Moby Dick』 전체를 이모지로 번역하는 작업에 성공하기도 했다. 그러나 『이모지 딕*Emoji Dick*』은 원작의 아주 유명한 첫 문장 "Call me Ishmael"을 전화기, 콧수염 기른 남성, 배, 고래, OK 표시 순서로 된 아이콘의 연결로 표현하는 등 이모지만으로 구성된 언어 형식의 제약을 즉각 드러냈다.

감탄 부호, 스마일리, 이모지 등은 상황을 진정시키고 사과하는 방법 등을 제공한다. 그렇다면 타인을 의도적으로 자극하거나 모욕하고 싶을 때에는 어떻게 될까? 이 경우 전통적인 구두점은 아무 도움도 되지 못한다. 분노나 공격성을 명시적으로 표시할 기호가 없기 때문이다. 반면 전자 담화에서는 대문자를 사용하여 고함치거나, 상대방을 향한 적개심을 표현한다. 이메일을 쓰면서 모든 문자를 대문자로 쓰면, 의도적인 공격 행위로 받아들여진다. 어느 뉴질랜드 여성은 이메일을 전부 대문자로 써서 보낸 뒤 사무실의 화합을 해친다고 받아들여져 해고를 당하기도 했다. 미국 해군도 모든 통신을 대문자로 써야 한다는 정책을 바꿀 수밖에 없었다. 문자 메시지나 이메일에 익숙한 병사들이 해군의 자동 대문자 용법을 자신들을 향한 끊임없는 고함으로 받아들였기 때문이다.

전자 통신은 빈약한 매체이기는커녕 창의성과 유희성의 특징을 띠고, 새로운 단어를 형성하며, 종래의 철자 및 구두점 관습의 목적을 재설정하는 등의 역할을 하고 있다. 이메일이나 트위터, 문자 메시지는 애초부터 급하게 작성한 짤막한 서신으로 만들어졌기 때문에, 격식을 차린 글쓰기에 흔히 적용되는 교정 및 수정 작업이 필요하지 않고, 철자, 구두점, 오탈자가 있을 수 밖에 없다. 또한 트위터에 올라오는 메시지는 140자로 제한되어 있기 때문에 이용자들은 줄인 철자 또는 가벼운 구두점에 의존할 수 밖에 없다.

이러한 특성들을 문맹의 증거로 간주하는 행위는 방언을 표준 글 영어 관습에 맞추어 판단하는 행위와 동일한 오류를 범한다. 격식체 글 영어에서 느슨한 태도로 철자법이나 구두점 및 문법을 대하는 일은 부적절하다. 그러나 이는 전자 담화에서는 허용된다. 전자 용법을 감시하고, 사용자들에게 기존의 규칙을 따르도록 강요하는 일은 실패할 수밖에 없을 것이다.

제6장

글로벌 영어

Global
Englishes

1582년 머천트 테일러즈 스쿨의 교장이었던 리처드 멀캐스터는 저서 『기초*Elementarie*』에서 "우리 영어는 범위가 좁아서 우리 섬나라 너머까지 뻗지 못하고, 여기에서도 온전하지는 않다"라며 영어의 폭이 제한적이라는 사실을 언급했다. 이 상황은 머지않아서 크게 달라졌다. 멀캐스터가 원고를 집필하던 시점에 영어 원어민 화자의 수는 500만-700만 명이었던 것으로 추정된다. 그러나 21세기 초반에 이르러 그 수는 약 4억5,000만 명으로 늘어났다. 이 엄청난 증가세는 멀캐스터의 저서가 출판되고 난 후 얼마 지나지 않아 영국이 아메리카 대륙을 식민지화하면서 시작되었다.

아메리카 대륙의 영어

영어가 세계적으로 확장되는 첫 단계는 체서피크 만 지역, 즉 그곳에 뿌리내린 영국의 식민 지배자들이 제임스타운과 버지니아라고 불렀던 지역에 성공적으로 정착하면서 시작되었다. 두 번째 식민 정착촌은 청교도 집단이 메이플라워 호를 타고 도착해서 매사추세츠 주의 플리머스에 식민지를 건설하면서 형성되었다.* 17세기 내내 이러한 이주가 이루어지면서 영국에서부터 존재하던 서로 다른 방언의 경계선이 뒤죽박죽되었다. 본토에서는 멀리 떨어져 있던 지역의 사람들이 하루아침에 이웃이 되었기 때문이다.

각 지역 방언들의 특성이 뒤섞이면서 새로운 방언들이 탄생했다. 오늘날 영국 땅의 조상 영어와 다른 미국 영어가 만들어진 것이다. 영국 중부 및 북부 지방에서 온 퀘이커 교도들은 last 같은 단어에서 "a" 소리를 약간 평평하게 전설모음화한 발음**을 가져왔는데, 이는 오늘날 영국 남부의 path나 bath 같은 단어들의 장모음화된, 후설모음 발음(18세기에 생긴 변화의 결과이다)***과 대비된다. 남서부 지역 출신의 청교도들은 hard와 같은 단어의 모음 뒤 "r" 발음을 가지고 들어왔다.

오늘날에는 종종 미국 영어가 영국에서 사용되는 순수 언어를 타락시킨다며 희화화되기도 하지만, 미국 영어의 특징 대부분은 17세기의 용법을 보존하고 있다. 공인 발음에서는 car에서 "r" 발음을 탈락시켰지만(제5장 참조), 대부분의 미국 영어 발음에

---

* 제임스타운 정착촌이 설립된 시기는 1607년이고, 플리머스 식민촌이 만들어진 시기는 1620년이다.

** 한국어 발음 "애"와 비슷하다.

*** 한국어 발음 "아"와 비슷하다.

서는 이 소리가 보존되고 있다. 보스턴 지역은 예외인데, 이 지역은 19세기에도 런던의 발음 유행에서 계속 영향을 받았기 때문이다. "I parked the car in Harvard Yard"와 같은 판에 박힌 문구에서도 볼 수 있듯이, 보스턴의 "r" 없는 발음은 매우 독특하다고 여겨진다.

미국 영어에서 옛날 용법들이 유지되는 예들이 더 있다. not의 비원순 모음unrounded vowel 발음(중세 영어식 철자 nat을 통해서 알 수 있는 유사한 발음과 비교해보라),* herb의 "h" 없는 발음(중세 영어에서는 erbe로 썼다), dive의 과거시제 dove, got의 또 다른 과거분사 형태로 중세 영어에서 사용하던 gotten(고어 표현 ill-gotten gains부정하게 얻은 이득와 같은 말에 아직 남아 있다) 등이 여기에 해당된다.

식민지 방언들이 조상 언어의 고어적 특성을 보존하는 경향이 있다는 사실은 잘 알려져 있다. 언어학자들은 이것을 "식민지 지체colonial lag" 현상이라고 부른다. 물론 이 용어는 마치 언어가 따라잡기 놀이를 하는 듯한 인상을 준다는 문제가 있다. 하지만 식민지 방언을 게으름뱅이로 보면 안 되는 것만큼이나 조심해야 하는 일이 바로 미국 영어가 보다 순수한 영어의 형식을 유지하고 있으며, 초기 현대 영어 시대와 연결 고리를 보존하고 있다는 듯이 과장하는 일이다. 이러한 견해는 일부 미신에서

---

* not의 비원순 모음이란 [논]처럼 발음하지 않고 [낟]처럼 발음하는 것을 말한다.

또렷하게 드러나는데, 노스캐롤라이나의 애팔래치아 산맥 깊은 곳에 아직도 셰익스피어처럼 말하는 사람들이 산다고 믿는 행태가 그 일종이다.

미국 영어는 과거 영어의 모습과 특성을 잘 보존하고 있을 뿐만 아니라, 프랑스, 스페인, 포르투갈, 독일, 네덜란드 등 다른 유럽 지역 출신의 정착민들로부터 어휘를 차용하기도 했다. 또한 다른 모든 식민지 방언들과 마찬가지로, 원주민 언어와 자연스럽게 접촉하면서 어휘를 가져오기도 했다. 아메리카 원주민 언어들로부터 차용한 단어들 중에는 특히 현지 식물, 동물 및 관습에 관련된 것들이 많다. raccoon, opossum(말 그대로 "white dog"), moccasins, wigwam("their house"), powwow(어근 의미는 "he who dreams") 등이 그 예이다.

차용 양식은 지역에 따라서 차이를 보인다. 오늘날 일반 미국 영어로 흡수된 klutz, chutzpah, maven, mensch 등과 같은 이디시Yiddish 차용어 중 다수는 처음에 뉴욕 등 대규모 도시에서 먼저 채택되었다. 노예 무역에 의존하던 지역에서는 아프리카 기원 어휘들이 먼저 도입되었는데, 반투어Bantu language에서 온 goober("peanut"), gumbo("okra") 등의 음식 어휘들 및 zombie(마녀가 되살린 시체를 가리킨다)와 같은 토속 믿음 체계의 어휘들이 이에 해당된다. 아메리카 원주민 언어와 아프리카어의 유입은 어두운 정복과 예속, 노예 제도 및 근멸종near extinction 등의 역사를 보여준다. 따라서 북아메리카에서 영어의 확산은 토착민 언어 및 그 사용자들의 희생의 대가였다고 할 수 있다.

철자법 측면에서 미국 영어는 대개 영국 영어를 따랐지만, 일부 구별되는 차이점들도 있다. 이는 미국의 사전 편찬학자 및 철자법 개혁 운동가 노아 웹스터가 확립한 것으로, 미국 영어와 영국의 식민지 조상 언어를 구별하려는 노력의 일환으로 발간된 그의 『미국 영어 사전*An American Dictionary of the English Language*』 1828에 정립되어 있다. 철자에 발음을 좀더 면밀하게 반영하기 위한 미국식 철자 개혁은 묵음 "u"를 color, honor, favor 등처럼 빼거나 meter와 theater에서 "re" 대신에 "er"을 쓰는 등을 제안했다. 웹스터가 제안한 내용이 모두 나중까지 살아남은 것은 아니다. determin("determine"), altho("although"), crum("crumb"), ile("isle"), soop("soup"), fashon("fashion") 등과 같은 혁신적 철자는 너무 멀리 나갔던 것으로 보인다.

웹스터는 굳게 마음을 먹고 차별화된 미국 언어의 타당성을 주장하고, 프랭클린이나 워싱턴, 애덤스 등 저명한 저술가들의 용례에서 그 근거를 가져오는 등의 노력을 했다. 그러나 영국과의 유대를 유지하고 싶어하는 사람들 사이에서는 미국인들이 타락한 영어의 한 형태(어느 작가의 표현에 의하면 "얼룩무늬 pye-bald" 사투리)를 쓴다는 견해가 팽배했다.

캐나다 영어

18세기 뉴잉글랜드 주민들이 캐나다 지역에 식민지를 만들면서 영어는 캐나다까지 퍼져나갔다. 1776년 미국이 영국으로부터 독립을 선언하자, 캐나다 식민지 건설자들은 오히려 영국에 충성을 다하고자 했다. 여기에 잉글랜드, 스코틀랜드, 아일랜드 출신의 정착민들이 도착하면서 이미 혼합된 언어에 더 많은 방언적 요소들이 추가되었다. 그 결과 캐나다 영어는 영국 본토의 영어와 몇몇 특징을 공유하면서도 미국 영어와도 상당한 유사성을 가지게 되었다. 캐나다인들의 발음 역시 북아메리카를 제외한 지역 사람들에게는 미국 영어처럼 들리는 경향이 있다. car에서는 "r" 발음을 하며, bottle의 tt를 "d"처럼 발음하고, 영국 영어식 "tomahto" 대신 미국 영어식 "tomayto"로 발음한다거나 영국식 "shedule" 대신 "skedule"을 쓰는 등이 그렇다.

　캐나다 영어가 항상 미국 영어를 따르는 것은 아니다. 가령 news의 경우 "noos"라고 하지 않고 "nyoos"라고 발음하며 영국식 영어를 선호한다. "anti-"의 발음도 미국 영어식 "antai" 대신 영국식 발음을 따른다. 어휘 측면에서는 대개 미국 영어를 따르는데, 가령 gas영국 영어로는 petrol, sidewalk영국 영어는 pavement, trunk영국 영어로는 boot 등이 그렇다. 물론, 영국 영어 어휘를 보존한 경우도 있다. tap미국 영어로는 faucet, cutlery 미국 영어는 silverware, serviette미국 영어로는 napkin 등이 이에 해당된다. 철자법에서 캐나다 영어는 영국식 관습을 따르는 경향이 있다. curb나 tire처럼 일부 개별 어휘들은 미국식을 따르지만, honour, colour, centre, theatre 등은 영국식이다.

오스트레일리아와 뉴질랜드 영어

오스트레일리아와 뉴질랜드 영어에도 독특한 미국식 방언을 낳은 것과 동일한 방언 혼합dialect mixing 현상이 있다. 18세기 후반 및 19세기에 오스트레일리아로 추방당한 영국의 수형자들이 코크니 및 아일랜드에서 뽑힌 사람들이었기 때문에, 이 지역의 방언들은 오스트레일리아 방언의 독특함을 형성하는 데에서 특별한 중요성을 가진다. 또한 일부 고어 영어 형태가 유지된다는 사실에서는 식민지 지체 현상도 분명하게 드러난다. 한 예로 오스트레일리아 영어 표현 tucker("food")는 tuck라는 단어에서 왔는데, 이는 tuck shops나 tuck boxes 같은 구식 영어 표현에 여전히 보존되어 있다. dunny("toilet")도 18세기 후반 영어 비속어로 쓰이던 표현이었다.

오스트레일리아 영어만의 또다른 특성으로는 "–ie" 어미를 추가해서 단어를 만들어가는 방식이 있다. barbie("barbeque"), coldie("cold beer"), rellies("relatives"), 심지어 Aussie가 이러한 예시이다. 나아가 축약하는 방식도 독특한데, arvo("afternoon"), journo("journalist"), beaut("beauty") 등이 여기에 해당된다. 오스트레일리아에 정착한 영국인들은 원주민 언어로부터 현지 어휘들을 채택하기도 했다. 오스트레일리아와 관련된 문화적 사물 및 관행들을 묘사하기 위함이었다. 예를 들면 boomerang은 다룩어Dharuk에서 차용했고, koala, wallaby, kangaroo 등 토착 동물들을 가리키는 어휘들도 빌려왔다.

유감스럽게도, 캥거루라는 이름의 기원이 그 동물을 뭐라고 부르냐고 묻자 질문을 잘못 알아들은 어느 현지인이 "몰라요"라고 대답한 데에서 유래했다는 이야기는 사실무근이다. 무미건조할지는 몰라도 kangaroo라는 단어는 원주민 어휘 ganurru에서 왔다. 캥거루라는 단어와 동물을 영국인들에게 소개한 것은 1770년 쿡 선장의 탐험 이야기였다. 헤브리디스 제도를 여행하던 존슨 박사는 캥거루가 소개된 지 얼마 지나지 않아 캥거루 흉내를 낸 것으로 알려져 있다. 그는 자신의 코트 자락을 새끼주머니 같은 모양으로 모아 들고 방을 여기저기 깡충깡충 뛰었다고 한다. 훗날 보터니 만으로 항해해 들어간 영국 정착민들은 원주민들과 접촉하게 되었다. 그곳 원주민들은 캥거루를 patagaran이라는 이름으로 다르게 부르고 있었지만, 나중에 kangaroo라는 이름을 채택했다. 한 원주민 언어에서 다른 원주민 언어로, 그것도 유럽인들을 통해서 차용되었다는 점에서 kangaroo라는 단어는 매우 흥미로운 사례이다.

뉴질랜드에 이주민들이 처음으로 정착한 시기는 1790년대이지만, 공식적인 식민지가 설립된 시기는 1840년이었다. 이것이 비교적 최근의 일이기 때문에, 영국에서 뉴질랜드로 처음 이주한 정착민들의 방언에 대해서는 상세히 알려져 있다. 1940년대에 뉴질랜드에서 태어나고 자란 사람들의 녹음 내용은 매우 다양한 영어 방언의 특징들을 자유롭게 그리고 얼핏 무작위로 혼합하여 들려준다. 영국과의 친근감은 영국에서 사용되는 영어의 영향을 더 크게 받게 만든 한편, 뉴질랜드 영어를 오스트레일리아 영어와 구별하려는 욕구는 더욱 독특한 발음상의 차이를 낳았다. 오스트레일리아 영어 발음으로는 지명 Sydney를 "Seedney"처럼 들리게 하지만, 뉴질랜드 사람들은 "Sudney" 발음을 선호한다.

영어 사용자의 유입은 마오리 원주민 언어의 화자 수가 극적으로 감소하는 원인이 되었다. 마오리어는 그 섬에 2,000년 전부터 자리를 잡았던 폴리네시아인들의 언어였지만, 19세기 동안에 단일어 마오리 화자의 수는 75퍼센트나 줄었다. 시골 마을의 학교는 학생들을 마오리어로 가르쳤지만, 이는 영어 문해력 및 문화의 습득을 용이하게 하려는 징검다리 정책이었다. 20세기 초반에 이르자 마오리어의 사용은 학교에서 공식적으로 금지되었다.

최근에는 마오리 문화를 포용하려는 움직임이 생기면서 원주민 언어로부터 온 단어들, 특히 지명toponyms 어휘들이 의도적으로 채택되었다. Mount Taranaki/Mount Egmont 또는 Aoraki/Mount Cook처럼 일부 영어 지명 옆에 원주민 명칭이 함께 쓰이기도 한다. 좀더 흔한 마오리 차용어들도 널리 사용하게 되었는데, puku("stomach"), kai("food"), ka pai("good"), maunga("mountain"), waka("boat"), wai("water"), wahine("woman"), kia ora("hello") 등이 그러한 예이다. 그러나 kiwi나 haka 같은 몇몇 소수의 단어를 제외하면 원주민 단어들은 뉴질랜드 바깥에 거의 알려지지 않은 상태이다. 1987년 마오리어 법안Maori Language Act은 영어와 마오리어에 공동 공용어로서 동등한 지위를 부여했다. 그러나 마오리어 사용자들의 수가 비교적 적다는 사실(총인구 약 400만 명 중 약 14퍼센트이다)은 그들의 비교적 낮은 사회적 지위와 맞물리면서 마오리어가 여전히 계속 위협받고 있음을 말해준다.

모형

영어가 전 세계로 퍼져나가는 과정에서 대영제국의 확장 및 지배는 일부 요인에 불과하다. 오늘날 영어를 주 언어로 사용하는 나라는 60여 개국에 이르는데, 제2언어로 퍼져나간 경우가 특히 많다. 인도 출신의 미국 언어학자 브라지 카츠루는 영어의 확산을 기록하는 유용한 모형을 개발했다. 이 모델은 3개의 동심원으로 영어가 계속 새로운 화자를 획득해나가는 다양한 방식을 표현했다(그림 11).

내원the Inner Circle은 영어의 전통적인 중심부인 미국, 캐나다, 영국, 오스트레일리아, 뉴질랜드를 표시한다. 이 지역들은 영어가 모국어로 사용되는 곳으로, 인구는 약 3억5,000만 명에 이른다. 외원the Outer Circle에 속한 곳들은 영어가 공인 제2언어로서 중요한 지위를 가지는 나라들이다. 싱가포르, 케냐, 인도 등의 탈식민 국가들이 여기에 포함된다. 세 번째 동심원은 확장원the Expanding Circle으로, 영어가 국제어로서 비즈니스 및 무역에 사

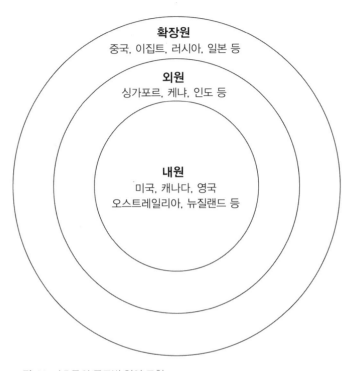

그림 11 카츠루의 글로벌 영어 모형

용되는 다른 모든 국가들을 포괄한다. 이 지역들은 영국의 식민 지배와 같은 역사적 관련성이 없는 곳들로서, 여기에서 영어는 특별한 지위를 누리지 않는다. 중국이나 일본이 이에 속한다.

이러한 식민지 영어들을 한 조상 언어의 자손들로 취급하면 서, 문헌학자들이 어족 관계를 재구성할 때 개발한 가계도 모형 을 이용할 수도 있다. 그러나 그런 모형은 직선적인 후손을 가 정하기 때문에 변이어들 사이의 상호 영향을 다룰 여지가 없다. 스코트어 및 아일랜드어가 미국, 뉴질랜드, 오스트레일리아 영어의 발전에 미친 중요한 역할 등을 다루지 못하는 것이다. 이런 모형의 또다른 한계는 가계도의 뿌리에 영국이 자리를 잡게 된다는 점이다. 이것이 역사적으로는 사실이기는 하겠지만, 오늘날 영국 영어의 중심 역할론은 분명하지 않다. 실제로 오늘날에는 영국보다 미국에 영어 모국어 사용자들이 더 많이 살고 있고, 미국 대중문화 및 미디어의 성공이 인터넷 언어로서의 지배력과 연동되면서 미국 영어의 영향력이 커지고 있다.

미국 영어의 영향을 "널리 퍼져나간 언어들이 모두 노출될 수밖에 없는 타락 현상"이라고 보았던 존슨 박사 이래로, 영국인들은 오랜 역사에 걸쳐서 미국 영어에 편견을 가지고 있었다. 그러나 movie, cookie, elevator 같은 단어들, thru나 donut 등의 독특한 철자법, "Can I get a coffee?"나 "I'm good" 등의 표현들, "shedule"이 아니라 "skedule"이라고 하는 발음 등 미국식 영어는 오늘날 전 세계로 퍼져나가고 있다.

영어들이 혼합되면서 독특하고 새로운 변이어들을 형성하는 현상은 가속화되고 있다. 영어를 모국어로 하지 않는 사용자들이 이것을 링과프랑카로 사용하기 때문이다. 이러한 용법은 중대한 "코드 변환(code-switching, 화자들이 대화 중에 자신의 모국어와 영어 사이에 전환하는 것을 가리키는 언어학 용어)"을 가져오는 경향이 있는데, 이것이 가장 명백하게 드러나는 곳은 아마 남아시아 지역일 것이다. 남아시아에서는 무수히 많은 사람들이 영어를 제2언어로 사용하고 있지만, 영어의 지위는 나라

별로 다르다.

남아시아 영어

남아시아 영어는 영국에 뿌리를 둔다. 인도, 싱가포르, 말레이시아, 홍콩이 대영제국의 일부로 통합되면서 영어가 자리를 잡게 되었기 때문이다. 인도가 영국의 지배를 받던 시기, 영어는 행정, 법, 교육 등의 주 언어로 채택되었다. 오늘날 인도에서 영어는 여전히 주 공용어인 힌두어와 함께 부가어associate language 로서 지위를 공인받고 있지만, 지역에 따라서 힌두어가 공용어인 곳도 있고, 힌두어보다 영어가 선호되고 보편어로 사용되는 곳도 있다. 10억을 훨씬 초과하는 인도의 인구는 전 세계적으로 영어 사용자의 수가 크게 확대될 잠재력으로 볼 수도 있다. 그러나 교육 수준의 차이를 감안하면 실제로 영어를 쓰는 사람은 2억5,000만 명 정도이고, 그나마도 그중 35만 명 정도만이 영어를 제1언어로 사용하는 것 같다.

파키스탄, 네팔, 방글라데시, 부탄, 스리랑카에서도 2,200만 명 정도가 영어를 제2언어로 사용한다. 홍콩, 싱가포르, 말레이시아에서도 영어를 교육, 법률, 행정 체계에서 소통의 매개체로 사용하고 있지만, 영어가 공식적인 형태의 지위를 얻은 것은 아니다. 말레이시아에서는 말레이어가 지배적인 언어이며, 홍콩에서는 중국어가 주된 지위를 점하고 있다. 반면 싱가포르에서는 영어가 말레이시아나 홍콩에서보다 좀더 중심적인 역할을 한다.

혼합 변이어 | 싱글리시

영어와 아시아 언어들 사이의 상호 작용은 엄청난 언어 혼합을 낳았는데, 이러한 맥락에서 싱가포르에서는 싱글리시Singlish라는 새로운 언어가 등장했다. 싱가포르의 교육계, 방송사, 「스트레이츠 타임스*The Straits Times*」와 같은 신문 등은 여전히 표준 영국 영어와 표준 영어의 공인 발음을 쓰지만, 다수의 싱가포르인들은 영어와 말레이어, 중국어를 혼합한 대화체 변이어를 사용한다.

그런 혼합으로 생기는 특징 가운데 하나는 중국어 담화 표시자discourse marker lah 또는 ah를 자주 사용한다는 점이다. 담화 표시자는 "Ok-lah"처럼 문장 맨 뒤에 붙어서 강조의 의미를 전달하거나, "Should I go-ah?"처럼 의문문을 표시한다. 싱글리시에는 말레이어에서 온 makan("food"), 중국어에서 온 ang pow("cash gift")처럼 외래어도 있지만, 영어에 기원을 둔 send("take")나 stay("live") 등은 영어와 다른 의미로 쓰인다. 또한 싱글리시는 "You have book?"처럼 관사를 탈락시키는 경향이 있으며, "I have two car"처럼 복수 표시도 탈락시키고, "Yesterday I walk home"이나 "This taste good"처럼 동사에서 어미를 생략하거나, 심지어 "This man clever"처럼 be동사를 아예 쓰지 않기도 한다(그림 12).

싱글리시는 널리, 특히 젊은 세대 사이에서 폭넓게 사용되지만, 싱글리시의 공식적인 지위를 둘러싼 논란은 계속되고 있다.

그림 12 싱글리시 광고(Pulai Ubin, Singapore)

싱가포르 정부는 확고하게 교육, 무역, 상업, 기술 분야의 언어로 표준 영어를 권장하고 있으며, 2000년에는 싱글리시의 확산세를 막기 위해서 "좋은 영어 말하기Speak Good English" 운동을 실시하기도 했다. 외부인들은 알아듣지 못한다고 생각되는 싱글리시의 사용을 막고 표준 영어를 권장하려고 한 것이다.

칭글리시Chinglish, 재플리시Japlish, 뎅글리시Denglish, 앙글리칸스Anglikaans를 비롯한 혼합어 또는 "중간어interlanguage"의 출현에도 불구하고, 그 지위를 둘러싼 논란은 여전히 뜨겁다.* 이 언어들은 과연 "코드 전환"의 예일까, 피진어일까? 아니면 다른 언어에서 차용어를 많이 들여온 방언에 불과할까?

---

* Chinglish는 Chinese＋English, Japlish는 Japanese＋English, Denglish는 Deutsch ＋English, 그리고, Anglikaans는 Afrikaans＋English의 혼합어로 이해하면 된다.

흔히 스팽글리시Spanglish라고 알려져 있는 혼합어 치카노 영어는 이미 잘 확립된 영어 방언으로서, 미국에 사는 히스패닉계 4,400만 명 사이에서 일부 다른 스페인어 영향권의 방언들과 함께 사용되는 언어이다. 스페인어와 영어를 이중언어로 쓰지 않는 사람들 사이에서는 모국어로 사용되는 데다가 자체 라디오 방송국과 텔레비전 토크쇼, 광고 및 잡지도 있기 때문에, 치카노 영어는 그 자체로 한 언어라고 간주될 충분한 근거를 가지고 있다. 그러나 치카노 영어의 융통성 및 표현 가능성을 칭송하는 모국어 화자들이 많음에도 불구하고, 전통주의자들은 여전히 한 언어가 다른 언어를 "침략한다"는 등 사회적 분열을 조장하는 말을 서슴지 않는다.

식민 지배를 당한 경험이 있는 지역에서는 영어 혼합어를 전용轉用하거나 개조할 경우 정치적, 이념적 파장이 생긴다. 영국의 표준 영어는 한 나라의 식민 지배 역사와 연결되는 반면, 영어 혼합어는 좀더 큰 정치적, 민족적 독립을 상징한다. 소설가 살만 루슈디가 적었듯, "일전에 언어로 식민 지배를 받은 민족들은 이제 신속하게 그것을 재형성하고, 자국화하고, 또 그것을 사용하는 방식에 점점 편안해지고 있다. 영어의 융통성 및 규모의 지원에 힘입어, 그들은 영어의 최전선 안에서 스스로 거대한 영토를 조각해가고 있다." 영어의 재전용 및 개조, 그리고 그런 혼합어에서 두드러지게 보이는 현상은 통신 및 이념 요소에 힘입어 영어의 발전에 중요한 역할을 할 것으로 보인다.

피진과 크리올

싱글리시처럼 언어가 혼합되는 현상을 종종 "피진 영어pidgin English"라고 부르는데, 일반인들 사이에서 이 용어는 대개 영어로 말하려다가 잘 안 되는 경우를 가리킨다. 언어학에서 피진 영어라는 말은 중립적인 용어로서, 영어가 모국어가 아닌 사람들이 사용하는 단순화된 형태의 영어를 지칭한다. 영어 피진어는 일종의 링과프랑카로서 국제 무역이나 비즈니스와 같은 구체적이고 제한된 목적을 위해서 사용된다. 따라서 피진은 아프리카 서해안이나 카리브 해 혹은 태평양 제도 같은 무역로를 따라서 출현하는 경향이 있다. 영어 기반의 피진은 오늘날에도 오스트레일리아, 서아프리카, 솔로몬 제도, 파푸아뉴기니 등지에서 발견된다.

pidgin이라는 용어는 중국어 사용자들이 영어 단어 business를 발음하려고 시도한 데에서 파생되었다고 한다. 어원상으로 보면 pidgin English란 business English를 의미하는 셈이다. 피진화 과정은 어떤 단순화된 형태의 언어가 비즈니스 세계처럼 제한된 범위에서 일련의 기능을 발휘하면서 발생한다. 그 결과, 일반적으로 지배적인 언어 또는 "상층어superstrate"가 단순화를 겪고, 종종 원주민 또는 "하층어substrate"의 영향을 받으면서 각각의 특징들이 크게 혼합된 최종 언어의 특성을 만들어낸다.

이러한 언어들은 종종 영어를 잘하지 못해서 생긴 언어라거나 영어의 타락이라는 등의 비판을 받는데, 전혀 사실이 아니다.

식민 사회에서 사용되는 "타락한" 영어를 향한 비판의 역사는 19세기경까지 거슬러 올라간다. 자메이카 원주민들이 사용하던 "야만어barbarous idiom"가 그들의 열등한 인종적 지위에 대한 증거이자 그들이 영국 사회와 문화에 가하는 위협의 증거로 제시된 것이다. 피진 영어라는 개념은 19세기 영국 및 미국에서 활발하게 쓰였는데, 이는 중국인들에 대한 인종적으로 편향된 이미지를 만들어내기 위함이었다.

그러나 여타의 모든 언어와 마찬가지로 피진어는 그 자체로 일관된 구조를 발전시킬 수 있다. 서로 다른 언어의 특징들을 토대로 만들었지만, 표준 영어와 결코 다르지 않다. 영어 역시 역사적으로 다른 언어에서 많은 것들을 자유롭게 빌려왔기 때문이다. 어린이들이 피진어를 모국어 또는 제1언어로 학습하기 시작하면 피진어는 온전한 언어의 지위를 얻게 된다. 이 경우 피진어를 크리올Criole이라고 부르는데, 이 말은 프랑스어로 "토착어"를 뜻한다. 학문적으로 피진과 크리올은 후자가 원어민 화자를 보유했다는 점을 기준으로 구분된다.

일부 학자들은 피진이 언어 진화에 대한 통찰력을 제공한다고 주장하기도 하지만, 다른 일부는 이를 반박한다. 진화 과정의 증거이기는커녕 참언어의 부패를 보여주는 언어라는 것이다. 피진은 단순화된 언어로, 크리올로 발전해야만 완성된 언어로서의 발전을 시작할 수 있다는 말은 사실이다. 그러나 피진을 기본만 아는 언어로 소통하고자 애써 시도하는 사람이 만드는 자발적 타락과 혼동해서는 안 된다. 물론 피진이 그런 시도에서 시작되었을 가능성은 있지만 말이다.

피진어를 접해본 적이 없는 표준 영어 사용자에게는 바로 드러나지 않겠지만, 피진에도 구조가 있다. 따라서 (독일어나 프랑스어처럼 명확하지는 않지만) 학습이 필요하며, 즉석에서 단순히 만들어낼 수는 없다. 피진어는 상층어(여기에서는 영어)에서 어휘를 채택하는 경향이 있지만, 그 문법 구조는 대부분 하층어에서 파생된다.

톡피신Tok Pisin. 말 그대로 "talk pidgin"은 파푸아뉴기니에서 사용되는 영어 기반 크리올로, 19세기 영국 무역상들과 남태평양 토착어 사용자들 사이에서 출현했다. 톡피신은 솔로몬 제도에서 사용하는 피진어 및 바누아투에서 사용하는 비슬라마어와 관련이 있다. 750여 개의 원주민 언어가 있는 파푸아뉴기니에서 톡피신은 마을 사이의 소통을 가능하게 해주는 매우 소중한 역할을 맡고 있다. 그러나 1960년대에 이르러서야 톡피신은 어린이들의 모국어로 습득되기 시작했다.

톡피신은 오랫동안 진지하게 연구할 가치가 있는 대상으로 주목을 받지 못했다. 문법 구조가 영어의 구조를 조잡하게 단순화한 듯 보이고, 어린이들이 사용하는 언어의 공통점들이 톡피신에도 있었기 때문이다. 가령 톡피신은 대명사 mi를 주어 대명사로 사용하는데, 이는 어린이들이 자주 범하는 실수로서 순수론자들이 눈살을 찌푸리는 현상이다(제5장 참조). 하지만 문법 구조상의 문제는 이보다 훨씬 복잡하다. 한 예로 톡피신은 소유 구문을 만들 때 bilong("belong")이라는 단어를 추가하는데, 이에 따라 my father에 해당하는 표현은 papa bilong mi이다. 복수를 만들 때에는 영어 단어 fellow에서 파생된 접미사 "-pela"를 덧붙이기 때문에, 2인칭 단수 대명사 yu의 복수형은 yupela이다. 2인칭 대명사에서 수의 구분이 재도입된 것은 피진어가 꼭 상층 어보다 문법적으로 덜 세련된 언어는 아니라는 사실을 보여준다. 표준 영어에서는 2인칭 단수 대명사 thou가 소실된 반면, 톡피신에서는 yupela를 통해서 표준 영어에는 불가능한 구분을 하고 있기 때문이다(제5장 참조).

학자들이 깊은 연구를 하기에 적절하지 않다며 피진어와 크리올어를 거부한 탓에, 그런 언어가 어떻게 그리고 왜 생겨났는지에 대한 기록은 거의 없다. 오늘날 원시 사회의 열등한 지적 능력 때문에 피진어와 크리올의 구조가 단순하다는 과거의 관점은 폐기되었다. 어휘는 좀 제한적이지만, 그런 집단의 언어 역시 선진 문명의 언어들만큼이나 발달되어 있다는 점이 밝혀졌기 때문이다.

대안으로 떠오른 한 이론에 의하면, 피진화는 원어민 화자들이 소통을 원활하게 하기 위해서 의도적으로 자신의 말을 단순화하면서 시작된다고 한다. 현대인이 여행을 온 외지인에게 길을 안내하거나 부모가 어린아이에게 말할 때처럼 말이다. 이런 상황에서는 비원어민 화자 또한 비슷한 방식으로 대답을 하게 되는데, 이런 과정은 언어 형식이 극도로 단순화된 형태라는 점도 눈치채지 못한 채 이루어진다고 한다. 한편 이 이론의 수정안은 주인-노예 관계에서는 원어민 화자가 이런 식의 언어적 조정을 시도하지는 않으리라고 가정한 뒤, 피진은 언어를 불완전하게 습득한 결과이며, 적절한 피드백이나 교정이 없어서 더욱 악화되었으리라고 본다.

미래

지속적인 확장과 언어 혼합, 신방언 형성 등에 대한 지금까지의 논의를 두고 볼 때, 21세기에 닥칠 영어의 미래는 어떨지 궁금할 것이다. 계속되는 확장이 파편화를 가속화해서 미래의 전세계 영어 사용자들은 서로의 말을 이해하지 못하게 될까?

싱가포르 정부의 노력에도 불구하고 싱글리시는 계속 번창하고 있다. 가정이나 놀이터, 길거리에서 싱글리시와 같은 혼합어의 사용을 선호하는 신세대들이 성장함에 따라서, 이런 언어들은 좀더 공적이고 특권적인 영역에서도 점차 표준 영어를 대체하기 시작할 것이다. 물론 표준 영어는 싱가포르에서 여전히 중요한 국제적 기능을 유지하고 있다. 그러나 싱글리시는 국가 정체성을 확립하고 나아가 대인 관계를 관리하고 유지하는 측면에서 매우 핵심적인 역할을 한다. 과거 영국의 식민 지배를 받은 지역에서 표준 영어가 공용어 지위를 잃을 경우, 내원의 영어와 확장원 지역에서 사용되는 영어 사이에는 불가피하게 더 큰 차이가 생긴다. 변이어들은 그런 조건하에서도 여전히 상호 이해가 가능할까?

미래를 예측하는 방법 가운데 하나는 과거를 돌아보는 것이다. 오늘날 영어의 지배력은 근대 이전 유럽에서 라틴어가 하던 역할과 유사하다고 볼 수 있다. 로마 제국의 성공과 함께 확장되었던 고전 라틴어는 유럽 대부분의 지역에서 로마 제국이 멸망한 이후에도 오랫동안 표준 글 언어로 사용되었다. 그러나 점차 모국어 화자들이 사라지면서 고전 라틴어는 인위적으로 학습해야 하는 문자 언어가 되었으며, 말 언어로 사용하던 세속 라틴어로부터 점차 멀어졌다. 반면 말 언어는 계속 변해갔고, 프랑스어, 스페인어, 포르투갈어, 루마니아어 및 이태리어의 조상 언어인 로망스어의 출현을 낳았다. 미래에도 이와 유사한 분리가 일어나서 영어가 상호 이해 불가한 언어들로 쪼개질까? 그렇다면 이 언어들은 영어일까, 아니면 전혀 다른 언어일까?

라틴어를 통한 유추는 유용할 수 있지만, 라틴어와 영어 사이에는 명백한 차이점이 있다. 고전 라틴어는 17세기 유럽에 이르러 완전히 사용이 끊긴 반면, 표준 영어는 계속해서 세계 무대에서 중요한 역할을 맡고 있다. 영어가 UN^{United Nations}이나 EC^{European Community}, 과학 기술 및 연예 산업과 같은 중요한 영역에서 계속해서 중요성을 보유한다면, 세계어로서 지배적인 위상을 유지할 것이다. 모국어 화자가 없던 고전 라틴어는 하나의 언어로서 어려움을 겪었지만, 표준 영어는 여전히 4억5,000

만 명이 글을 쓰면서 사용하는 언어이다. 결과가 어찌되든, 싱가포르 정부의 "좋은 영어 말하기" 운동은 최소한 표준 영어의 지속적 지위 및 특권을 돋보이게 하는 역할을 하고 있다.

한편 향후에 표준 영어가 분할된다고 전망하는 대신 모국어로서 수명을 다한 이후에도 영어가 (최소한 글쓰기 영역에서는) 오랫동안 일종의 보편어로 기능하리라고 보는 시각도 있다. 마치 고전 라틴어의 말 언어가 다른 언어들로 쪼개진 이후에도 17세기까지 오랫동안 보편어의 기능을 유지했던 것처럼 말이다. 고전 라틴어는 기원후 400년에 모국어로서의 수명이 끊겼지만 이후에도 계속 학습되었고, 유럽 전역에 걸쳐서 17세기 말까지 종교, 학문, 역사 담화의 언어로 사용되면서 학문적, 외교적, 종교적 저술들이 국경을 넘나들도록 했다. 미래의 표준 영어 역시 이와 유사한 역할을 수행할 수 있다. 이에 따라서 표준 영어는 통신을 방해하기보다는 수월하고 용이하게 하는 역할을 할 수도 있다.

최근 언어학자들은 전 세계적으로 사용되고 있는 세계 표준 영어World Standard English라는 변이어의 출현을 감지했는데, 이 영어는 제한적이나마 그런 이론의 증거가 될 수도 있다. 세계 표준 영어는 하나로 고정된 언어는 아니지만, 지역적 중립성과 점증적 통일성을 갖춘 표준으로 기능하고 있으며, 어느 나라의 영어 화자든 사용할 수 있는 것으로 보인다. 세계 표준 영어는 글쓰기 형식에서 미국식 철자 관행을 따른다. 가령 화학에서는 sulphur 대신 sulfur를, 컴퓨터 분야에서는 programme이나 disc 대신 program과 disk를 쓴다. 말 언어 영역에서는 영국식 특권 공인 발음과 미국식 일반 발음 가운데 무엇이 표준으로 인정을 받을지 아직 불분명하다. 어쩌면 영국 영어도 미국 영어도 선택받지 못하고, 2개 영어, 혹은 다른 영어들의 특성까지 갖춘 일종의 타협 언어가 선택될지도 모르겠다. 한 가지 가능한 모델은 EU^{European Union} 전역의 대표자들이 모인 유럽 의회에서 사용되는 "유로 영어"이다.

영어가 서로 다른 언어로 쪼개질지도 모른다는 예측은 새로운 것이 아니다. 1877년 언어학자 헨리 스위트(버나드 쇼의 인물 "헨리 히긴스"에 영감을 준 사람이다)는 100년 뒤 "영국과 미국, 오스트레일리아는 상호 이해가 불가능한 언어로 말하고 있을 것이다"라고 주장했다. 스위트의 확신에 찬 예측은 우리에게 미래를 예측하려고 하지 말라고 경고하는 듯하다. 그러나 이 말은 우리도 알다시피 영어의 종말에 대한 암울한 예언은 전혀 새롭지 않으며, 따라서 꼭 그대로 실현되지도 않으리라는 점 또한 일깨워준다.

제7장

왜 고민하나?

Why
do we
care?

"보고서 한두 개는 꽤 재미있으셨나 봅니다." "그래?" 모스 경감이 놀랍다는 듯 대답했다. "비서 학교에서 온 보고서 하나를 10분 정도 보시던데, 그것도 반 쪽짜리를요." "관찰력이 굉장히 좋군, 루이스. 근데, 실망시켜서 미안하네만, 내가 몇 년간 본 것 중에 최악이었어. 열 줄짜리인데 문법 오류가 자그만치 12개나 되다니! 우리 조직이 어떻게 되려는 거지?"

— 콜린 덱스터, 『우드스톡행 마지막 버스*Last Bus to Woodstock*』1975

바쁜 경감이 왜 자신에게 제출된 보고서의 내용에 초점을 두지 않고, 문법 오류를 면밀히 살피고, 세고, 수정하는 데에 시간을 소비할까? 왜 비서 학교에서 올라온 보고서의 엉터리 문법이 모스 경감으로 하여금 경찰의 미래에 대해서 절망하게 만들까? 우리는 왜 문법이나 철자에 신경을 쓰면서 사소한 오류들만 보아도 우리 사회와 언어의 미래에 대해서 심히 낙담하고 암울해 할까?

옳고 그름

사람들은 대부분 언어의 변화는 불가피하다는 사실을 인정한다. 설령 그렇지 않더라도 최소한 셰익스피어의 언어가 지금의 언어와 다르다는 것 정도는 알고 있다. 그렇다면 왜 우리는 오늘날에도 언어가 계속 변하도록 놔두지 않으려 할까? 이에 대한 한 가지 대답은 영어 사용자인 우리가 외부인의 시각을 취해서 현재의 용법을 관찰하기가 불가능하기 때문이다. 우리는 모두 문법 세부 사항이나, 악명 높은 괴팍한 철자법, 이상한 발음 등을 익히며 영어를 습득해왔다. 따라서 우리가 중립적인 자세로 올바른 용법에 대한 토론을 바라본다는 것 자체가 불가능하다. 엉터리 문법과 빈약한 철자를 강한 어조로 비판하던 코미디언 데이비드 미첼은 다음과 같이 실토했다. "이제 확실히 후련하게 인정한다. 지금까지 내가 이 규칙들을 옹호하는 이유는 엄청난 기득권 때문이다. 나는 정말로 애써 그것을 배웠고, 또 그런 노력을 기울인 만큼 다른 모든 사람들도 그래주기를 바랄 동기가 충분했다."

부부 언어학자인 제임스와 레슬리 밀로이는 "모든 사회적 주체는 자기 집단의 특징적인 관점에서 사회언어적 세상을 바라본다. 절대적으로 중립적인 관점, 즉 어디에서도 보이지 않는 무관점이란 없다"라고 주장하며 이러한 사실을 지적한다. 각기 다른 사회적, 교육적 상황은 다른 관점을 만들고, 우리는 그 관점으로 무엇이 옳은 용법인지, 또는 "보통" 용법인지 판단한다. D.

H. 로런스의 소설『채털리 부인의 연인*Lady Chatterley's Lover*』1928에 나오는 채털리 부인과 강한 더비셔 방언을 쓰는 사냥터 관리인 멜로스 사이의 대화는 이러한 사실을 잘 보여준다.

> "'Appen yer'd better 'ave this key, an' Ah mun fend for t'bods some other road"……
>
> She looked at him, getting his meaning through the fog of the dialect.
>
> "Why don't you speak ordinary English?" she said coldly.
>
> "Me! Ah thowt it wor ordinary."*

우리는 아주 어려서부터 올바른 용법의 전통에 대해서 부모님과 학교 선생님들에게 들어왔기 때문에, 어른이 된 후에 이것을 뿌리치는 일은 매우 어렵다. 심지어 전문 언어학자들도 힘들어한다. 언어 규범주의에 대한 연구서인『언어의 위생*Verbal Hygiene*』의 저자 데버라 캐머런에 따르면, 언어학 전문가인 그녀

---

* 첫 줄과 마지막 줄에 나오는 문장은 강한 사투리 발음을 적고 있다. 대략적인 의미는 다음과 같다.

  "아마 이 열쇠를 가지고 계시는 편이 좋겠어요. 저는 다른 식으로 새들을 돌봐야겠어요."
  그녀가 안개 같은 사투리 속 뜻을 헤아리며 쳐다봤다.
  "보통 영어로 말하지 그래요?" 그녀가 차갑게 말했다.
  "저는 그게 보통이라고 생각하는데요."

자신도 이 분야에서 부적절한 조건 반사적인 가치판단을 하지 않기 위해서 부단히 애를 썼다고 한다. 그러나, 이런 노력에도 불구하고 그녀는 여전히 특정 오류들에 자신이 매우 민감하다는 사실을 느낀다. "한 예로 가끔 간판에 'Potatoe's'라고 써 있는 걸 보면, 짜증이 나는 것을 억제하려고 애쓸 수는 있다. 그런데, 그걸 느끼지 않으려고 애쓸 수는 없다."

버락 오바마가 2008년 대통령 당선 수락 연설에서 enormity라는 단어를 명백히 잘못 사용한 후에(제3장 참조) 메리 슈미치는 「시카고 트리뷴Chicago Tribune」 기고문에서 자신 또한 움찔했다고 밝혔다. 6학년 때 버치 선생님이 "Enormity는 크다는 뜻이 아냐"라며 소리 지르던 일이 떠올랐기 때문이다. 슈미치는 "한창 인격이 형성되는 시기에 그런 전투적인 언어 사용자들로부터 협박을 받아서인지, 나는 enormity를 정식 의미인 'monstrous wickedness극악무도함'로 되돌려놓기 위한 운동에 소명 의식까지 느꼈다"라고 적고 있다. 어린 나이에 윽박지르는 선생님에게서 불쾌하고 위협적인 방식으로 "정식" 의미를 훈련받았음에도 불구하고, 슈미치는 그 전제를 묻지도 않고 수용했고, 또 남들에게 그것을 강요하겠다는 강박까지 가지고 있었다.

용법 지침서들의 성공 이면에는 모든 용법에는 옳고 그른 측면이 있다는 생각에 대한 사회의 암묵적 수용, 그리고 당황스러운 상황에서 구제받고자 하는 욕구가 있는 듯하다. 마치 예전에 학교 선생님들에게 한 것처럼, 우리는 용법 전문가들에게 규범의 근거는 묻지 않고, 지침만을 확인받고자 한다. 급변하는 불확실한 세상에서 학창 시절의 가치들이 계속 유지되고 있고, 점 하나를 제대로 찍는 일이 여전히 중요하다는 사실을 알고 있다는 점이 약간의 위안은 된다.

시장의 좋은 문법

우리가 세세한 사항까지 신경을 쓰는 또다른 이유는 "좋은 문법"을 둘러싼 사회적 인식과 밀접한 관련이 있다. "좋은 문법"에는 상업적 잠재력도 있는데, 이는 기업들이 옳고 그름의 개념을 부추겨서 교육 수준이 높은 부유층에게 호소하려는 현상에서 관찰할 수 있다. "좋은 문법"에 상업적 잠재력이 없다면 슈퍼마켓 체인점 테스코Tesco가 여론의 압박에 못 이겨 자사 계산대 옆에 써 있던 "10 items or less" 표지판을 다시 쓸 이유가 있었을까? 표지판이 "Up to 10 items"로 수정된 데에는 이렇게 하는 편이 "이해하기 쉽고 논란의 여지도 피한다"라고 주장한 일상 영어 운동the Plain English campaign의 압력이 있었다. 하지만, 그 이전 표현에 과연 혼란의 여지가 많았을까? 그쪽 계산대로 몇 개까지 가져갈 수 있는지 셈을 할 수가 없어서 그 표지판에 반대한 사람들이 과연 몇 명이었을까? 설령 그런 사람들이 있었다고 해도, 새 표지판이 문제를 해결해주는 것은 아니다. "up to 10 items"라는 말이 10이 아니라 9를 의미한다고 추론하는 것 또한 합리적이기 때문이다.

낙인찍힌 표현 "10 items or less"를 쓰지 않는 것만으로는 따지기 좋아하는 사람들을 만족시킬 수 없을 것이다. 그들에게 유일하게 올바른 표현은 "10 items or fewer"일 것이기 때문이다(그림 13). 올바른 문법 규칙에 따르면, 가산 명사에는 fewer를 쓰고, 물질 (불가산) 명사에는 less를 써야 한다. 그런 기준을 유지함으로써 특정 고객층에게 피력할 수 있음을 잘 이해하고 있던 웨이트로즈Waitrose 사는 표지판에 "10 Items or Fewer"라고 적었는데, 어느 블로거는 이에 대해서 "이제부터 저는 웨이트로즈에서만 쇼핑할 겁니다. 사랑해요, 웨이트로즈. 정말, 정말 사랑합니다"라고 글을 쓰기도 했다. 그러나 "Up to 10 items"라는 표현에 이와 유사한 감정적 반응들이 있었을 것 같지는 않다. fewer를 사용함으로써 웨이트로즈 사가 고객들에게 보내는 단합의 메시지는 "우리는 여러분과 동일한 것들을 고민합니다"였다. 동시에 그들은 고객들이 사회적, 지적 자만감과 우월감을 느낄 기회를 제공했다.

물론 웨이트로즈 사가 더 이상 그런 문제를 고민하지 않는 세상에서 중요한 문법적 구분 하나를 용감하게 옹호하고 있는 것처럼 보일 수는 있다. 그러나 소위 규칙이라고 불리는 이러한 것들의 근간은 매우 취약하다. 지금까지 이 책에서 살펴본 다양한 문법 규범과 마찬가지로, fewer와 less를 둘러싼 규범도 18세기에 시작되었기 때문이다. 이 규칙은 로버트 베이커의 저서 『영어에 대한 고찰Reflections on the English Language』1770에서 처음 만들

"뭐라고 하지? 나 영문학 전공이었는데."

그림 13 fewer가 맞을까, less가 맞을까?

어졌다. 이 책에서 그는 "less는 흔히 수에 대해 말할 때 사용하는데, 이 경우 나는 fewer가 더 좋다고 생각한다. No fewer than a hundred가 No less than a hundred보다 더 우아하게 느껴질 뿐더러, 보다 엄격한 의미에서 적절한 것 같다"라고 말한다. 이 문장으로 보건대 베이커는 향후 수백 년 동안 지켜져야 할 엄중한 규칙을 세우는 것이 아니라, 단순히 문체의 우아함에 대한 자신의 견해와 취향을 적고 있다. 하지만 무엇보다 중요한 사실은 이 규칙을 이전의 관행에 비추어 만든 것이 아니라는 점이다. less는 고대 영어 시대 이후로 계속해서 가산 명사에도 사용되어 왔기 때문이다.

fewer와 less의 구분을 신성불가침의 문제로 보는 사람들도 일부 있지만, 그런 용법의 차이에 무감각한 사람들도 있다. 어차피 거리나 시간의 길이, 돈의 양을 말할 때에는 이 규칙이 적용되지도 않는다. 우리는 less than 10 miles, less than 10 minutes, less than 10 pounds라고 말한다. 슈퍼마켓 계산대에서는 물품의 총량을 말하기 때문에 10 items or less라고 말해도 아무런 문제가 없다.

웨이트로즈 사를 따라서 문법적 옳고 그름의 시장성으로 돈을 벌 수 없을까 고민한 다른 소매점들도 있었다. 런던의 백화점 셀프리지스Selfridges는 권을 초대해서 쇼핑객들을 대상으로 매장 내 문법 교실을 열기까지 했다(물론 그 백화점 이름에 아포스트로피를 다시 끼워넣자는 운동을 이끈 아포스트로피 보호 협회the Apostrophe Protection Society까지 갈 정도는 아니었다).

이처럼 좋은 문법이라는 개념은 특정 고객층에게 호소력이 있을지 모르지만, 젊은 고객층을 주요 대상으로 하는 회사들은 의도적으로 문법 관습을 위반하기도 한다. 따라서 맥도날드 등의 식당 체인은 슬로건 "I'm lovin' it"에서 "g"를 탈락시키는 한편, 그 자리에 아포스트로피를 집어넣음으로써 좀더 나이 든 고객층이 멀어지지 않도록 한다. 문법적으로 올바른 표현 "Think Differently" 대신 "Think Different"를 쓴 애플 사의 1997년 슬로건은 비표준 문법을 이용해서 일반 대중과는 구별되고자 하는 의지를 표현하며, 나아가 좀더 현대적이고 느긋한 고객층에게 신호를 보낸다. 좋은 문법이 전통적 사회 계층 관계를 간직하고 유지한다면, 비표준 문법은 의도적으로 그것들을 훼손하고 문제 삼는다.

교실의 좋은 문법

많은 사람들이 좋은 문법을 공손이나 존경, 전통적 사회 습속의 보존과 같은 다른 사회적 가치들을 위한 비밀 열쇠로 여긴다. 그런 사람들은 학교 현장에서 공식적인 문법 교육을 폐지하는 일을 사회 질서를 파괴하거나, 청년 실업률을 상승시키거나, 범죄 및 다른 수많은 사회악을 낳는 직접적인 원인으로 간주한다. 일부 사회 평론가들은 종종 1980년대에 영국 중등학교에서 공식 문법 교육을 없애려 했던 움직임이 젊은이들 사이에서 정직과 책임을 경시하는 풍조를 확산시킨 계기라고 말하기도 한다.

1985년 BBC 라디오 4Radio 4와의 인터뷰에서 보수당 의원 노먼 테빗은 영어의 표준을 의복 및 위생의 표준, 정직과 준법 정신과 연결 지으며, "좋은 영어가 나쁜 영어와 크게 다르지 않아지고, 사람들이 학교에 지저분한 옷을 입고 등교할 정도로까지 표준이 저하되도록 내버려두는 일은 사람들이 아무런 표준도 가지지 못하게 만드는 것이다. 일단 표준을 잃으면 범죄를 저지르지 말라고 말할 필요성조차 없어진다"라고 주장했다.

2009년, 오랜 문법 교육 옹호자였던 찰스 왕세자는 "균형과 조화"의 가치들과 "20세기에 창밖으로 내던져진 문법책"의 재발견 사이에는 명확한 연관성이 있다고 주장했다. 이러한 논평은 실제 공식 문법 교육이 무엇을 포함하는지, 또는 정확히 어떤 류의 지식이 상실되었는지에 대한 상당한 오해를 반영한다. 그런 논쟁에서 "문법"은 특정한 일련의 교육적 가치(기계적 암기와 공식 시험 등 전통적 방법을 채택하는 가치)를 대표한다.

20세기에 영국 학교에서 문법 교육을 거부하게 된 핵심 요인은 학문 분야로서 영문학이 등장했다는 사실에 있다. 영문학은 비판 의식과 예술적 감각, 문학적 감수성을 고양시키는 일이 주 관심사였기 때문에, 언어에 대한 과학적 연구(초기에는 문헌학 philology으로 알려진 분야)는 영문학 연구와 아무 관련이 없는 듯 간주되었다.

1980년대 공식 문법 교육이 재도입된 것은 규범주의 방법론이 기술주의 방법론으로 전환되면서였다. 종래의 문법 교육 방식이 I was stood와 같은 "오류"를 피하도록 어린아이들을 훈련시키는 것이었다면, 새 교육 과정은 표준 영어의 습득과 함께 방언 및 비표준 변이어도 인정할 것을 장려했다. 이렇듯 관대한 접근법은 다수의 전통주의자들에게 문법 과목을 약화시키고 교육 수준을 하향 조정하는 것을 의미한다. 문법 구조의 파악, 암기 및 기계적 학습과 같은 중요한 교수법들이 손실되는 것이다. 권은 전통주의 방법론이 "현대 '아동 중심' 교육 이론"이라고 경멸적으로 부르는 방법론보다 이점이 크다고 강조하며, 독자들에게 자신의 문법 정의들을 "정확히 암기하면서, 심지어 그 순서까지" 학습하라고 촉구한 바 있다.

좋은 문법과 라틴어 문법

1960년대 영어 교과 과정에서 문법 교육이 폐기된 사건은 영국 학교에서의 고전학 교육의 쇠퇴와 동시에 일어났다. 1988년 국가 교육이 개혁되면서 영어 문법이 재도입되자, 일부는 이를 공식 문법 기술을 재활성화할 기회로 보았다. 그런 문법 기술은 전에 라틴어와 그리스어 영역에 속하던 것들이었다.

역사적으로 볼 때, 올바른 문법 규칙의 서술이란 고전 언어 교육과 밀접하게 관련되었다. 제4장에서 살펴보았듯이, 18세기 문법론자들은 영어 문법을 설명할 때 라틴어 문법을 모델로 삼았다. 라틴어의 특권적 지위는 오늘날까지도 영어 문법 현상에 대한 설명에 계속 영향을 미치고 있다. 20세기의 가장 영향력 있는 용법 지침서인 『현대 영어 용법 사전』의 저자 파울러는 옥스퍼드 대학교에서 고전학을 공부했고, 사전 편찬학 분야에 들어서기 전에 잠시 고전학을 가르치기도 했다. 따라서 그의 언어학적 규범들은 라틴어 문법에서 파생된 규칙들로 범벅이 되어 있다. 그는 라틴어에서 be 동사 뒤에 주격을 쓴다는 이유로 영어의 it is me와 같은 "거짓 문법"은 it is I로 바로잡아야 한다며 비난했다. 오늘날에도 파울러의 규범에는 충직한 추종자들이 많다. 역설적이지만, 파울러의 추종자들은 어쩌면 "between you and me"와 같은 구문에서 오히려 틀린 표현 I를 선호하는 과보상(또는 "과잉 교정")의 원인 제공자일지도 모른다.

파울러는 라틴어에 의존하는 자신의 모델이 덴마크의 언어학자 오토 예스페르센에게서 비난을 받자 "지금 이 순간까지도 우리의 문법적 양심에는 불가피하게 라틴어 요소가 혼합되어 있다"라고 주장했다. 주목할 사실은 파울러가 여기에서 언어학적 사실이 아니라 "문법적 양심"을 말하고 있다는 점이다. 이는 영어 사용자들 사이에서 라틴어의 영향이 순수한 언어적 차원과는 다른 위상을 누린다는 사실을 보여준다.

지금까지 살펴본 바와 같이, 언어의 옳고 그름에 대한 우리 생각의 대부분은 18세기에 만들어졌다. 18세기는 새로운 사회 계층 구조의 확립 및 불안 때문에 언어의 타락이나 적절성을 향한 우려가 촉발되던 때였다. 수 세기 동안 교회 및 유럽 학계의 언어였던 라틴어를 향한 숭배는 융합어(synthetic languages, 문법 정보를 표시할 때 굴절어미를 사용하는 언어)가 분석어(analytic languages, 상대적으로 굴절어미를 덜 사용하는 언어)보다 한 단계 높은 언어이고, 나아가 보다 효과적인 의사소통 체계라는 가정을 낳았다. 초창기 영어가 이후의 영어보다 굴절어미를 더 많이 사용했기 때문에, 영어의 역사는 타락과 부패의 과정으로 비추어졌다.

라틴어는 수 세기 동안 살아 있는 언어(즉, 모국어 화자가 있는 언어)가 아니었기 때문에 고정된 형식으로 존재할 수 있었다. 반면 영어는 불안정하고 쇠퇴했다. 라틴어를 통일되고 고정된 개체로 보는 시각은 오늘날에도 여전하다. 특히 현대 교과서들은 라틴어 원전 기록에서 확인되는 다양한 방언들을 무시한 채, 한 가지 방언(대개 키케로 방언)만을 제시함으로써 이러한 시각을 고착화한다. 방언을 금지하고 영어에 보다 강력한 고정성을 도입하려는 노력은 18세기 이후의 현상인데, 이는 특권적인 고전 조상 언어를 모방하려는 욕망 때문에 발생했다. 권 역시 영어 문법의 숙련도는 라틴어 기초 실력과 관련이 있다고 명시적으로 밝히면서, 다음에는 요즘 편리하게 구할 수 있는 『권의 라틴어*Gwynne's Latin*』2014 같은 라틴어 입문서들을 참고하라고 조언하고 있다.

좋은 문법의 시장성

권 프랜차이즈의 성공은 자연스럽게 왜 사람들이 계속 좋은 문법에 신경을 쓰는지 묻도록 만든다. 이유는 간단하다. 좋은 문법이 잘 팔리기 때문이다. 내용이나 접근 방법이 괴팍함에도 불구하고 파울러의 『현대 영어 용법 사전』은 베스트셀러였고, 1965년 수정판 서문에서 어니스트 가워스가 추정하는 바에 따르면 초판이 50만 부 이상 판매되었다. 이러한 책을 향한 거대한 수요는 규범 문법 전통이 시작되던 18세기로 거슬러 올라간다. 16-17세기만 해도 인쇄기에서 소수의 문법책들만 찍어냈는데, 18세기에 이르자 그런 책이 200종 이상으로 엄청나게 증가한 것이다.

어쩌면 가장 주목할 만한 최근의 상업적 성공은 순식간에 베스트셀러가 된 린 트러스의 『먹고, 쏘고, 튄다*Eats, Shoots & Leaves*』 2003일 것이다. 엉성하고 질 낮은 구두점에 대항하여 싸우자는, 동료 엄격주의자들을 향한 트러스의 호소는 영국에서만 수백만 부가 팔렸다. 진정으로 영국인들이 어디에 쉼표나 세미콜론을 쓸지 그렇게나 고민한다는 말일까? 설득력 있는 설명은, 그 책이 전통 사회 관습을 향한 젊은이들의 부족한 존중을 감지하고 이를 우려하는 세대를 결집하는 구호로 기능했다는 것이다. 이 책이 성공을 거둔 후에 현대 사회의 무례함을 한탄하는 책이 『듣기 싫은데요*Talk to the Hand*』라는 제목으로 출판된 것은 우연이 아니다.

영어와 민족주의

『먹고, 쏘고, 튄다』는 미국에서도 큰 상업적 성공을 거두었는데, 이는 「뉴요커」에서 루이스 메난드가 그 책의 구두점을 문제 삼으면서 "영국 여성이 미국인을 상대로 세미콜론에 대해서 강의를 하는 것은 미국인이 프랑스인에게 소스에 대해 강의하는 것과 비슷하다"라며 냉담하게 결론지었던 것과 대조적이었다. 이러한 해설은 언어를 향한 관심이 어떻게 국가에 대한 관심을 대리할 수 있는지 잘 보여준다.

영어 단일어 운동English-only movement은 영어를 미국의 공용어로 만들려는 노력의 일환으로 민족주의 정서를 부추겼다. 그들은 영어를 미국의 공용어로 쓰면 통합과 단합이 확대될 것이라고 주장했다. 그러나 이 운동은 타언어에 대한 무관용이라는 측면에서 반대에 부딪혔다. 반대자들은 이 운동이 인종적, 정치적 단합을 이루겠다는 희망이 아니라, 비영어 사용자들을 분리시키고 주변화하려는 욕망에 사로잡혀 있다고 비판했다.

영국독립당UK Independence Party 당 대표 나이절 패러지는 영국 학교에 외국어 사용자들이 많아지는 현상에 불만을 표한 바 있는데, 이는 영국에서 영어의 위상이 이민 문제를 둘러싼 논의 속에서 어떻게 정치 쟁점화되었는지를 보여준다. 영국과 미국에서 영어의 위상은 진실로 위협받고 있을까, 아니면 그저 이민자의 수와 권리를 제한하려는 것일까? 언어학자 제프리 풀럼은 미국의 영어 단일어 운동 주장에 대해, 영어를 공식 언어로 만드는 일만큼이나 핫도그를 야구 경기의 공식 음식으로 만드는 일이 중요하다고 반응했다.

영어의 세계적 위상이 확실해 보인다면, 기술론자와 규범론자 사이의 해묵은 반목의 미래도 마찬가지이다. 양극단에 선 두 입장은 엄청나게 단순화된 형태를 띠고 있지만, 한편으로는 미디어와 용법 세칙론자들에게 유용한 역할을 하고 있다. 미디어와 용법 세칙론자들은 사소한 오류도 명백히 언어 변이 및 변화의 증거로 받아들이는 전문 언어학자들을 표준 문법의 적으로 묘사함으로써 규범론자들을 자극하기를 좋아한다. 대부분의 전문 언어학자들은 교육자로서 표준 글 영어의 관습을 따라서 제자들을 가르칠 의무를 지는데, 이는 그들의 입장을 극단적으로 규정하는 일이다.

신문 기사들도 최신 사전 개정판에 대한 분노를 자극하려고 들면서 이와 유사한 흑백 진영을 만드는 경향이 있다. literally에 대한 『옥스퍼드 영어 사전』의 개정판 설명에 대한 기사에서(제3장 참조), 기자들은 이 용법이 비표준이라는 사실을 적시한 부분은 무시한 채, 논의를 옳고 그름 사이의 단순한 선택의 문제로 조명했다.

규범론자들의 접근법을 무시했던 전문 언어학자들의 전형적이고 경멸적인 태도 역시 대화의 부족과 계속되는 정보 오류의 원인이 되었다. 규범론자들의 접근법이 널리 퍼져 있고 영어의 용법 및 그 미래에 두드러진 영향을 미치는 것은 사실이므로, 전문 언어학자들 역시 분명히 그들에게 걸맞는 대접을 하고 공적 토론의 장에 참가해야 할 의무가 있다. 바라건대(또는 일부 사람들이 좋아하는 표현으로, 희망하건대), 이 책이 그런 대화를 고무하고 알리는 데 도움이 되기를 소망한다.

더 읽어볼 만한 자료

Jean Aitchison, *Language Change: Progress or Decay?*, 4th edition (Cambridge: Cambridge University Press, 2012).

Kingsley Amis, *The King's English* (London: Penguin, 2001).

Richard Bailey, *Speaking American: A History of English in the United States* (Oxford: Oxford University Press, 2012).

Charles Barber, Joan C. Beal, and Philip A. Shaw, *The English Language: A Historical Introduction*, 2nd edition (Cambridge: Cambridge University Press, 2009).

Deborah Cameron, *Verbal Hygiene*, 2nd edition (Abingdon: Routledge, 2012).

Tom Chatfield, *Netymology: From Apps to Zombies: A Linguistic Celebration of the Digital World* (London: Quercus, 2013).

David Crystal (ed.), *Samuel Johnson, A Dictionary of the English Language: An Anthology* (London: Penguin, 2005).

David Crystal, *The Stories of English* (London: Penguin, 2005).

David Crystal, *The Fight for English: How Language Pundits Ate, Shot, and Left* (Oxford: Oxford University Press, 2006).

David Crystal, *Language and the Internet*, 2nd edition (Cambridge: Cambridge University Press, 2006).

David Crystal, *Txtng: The Gr8 Db8* (Oxford: Oxford University Press, 2008).

H. W. Fowler, *Modern English Usage* (Oxford: Oxford University Press, 1926); 2nd edition, Ernest Gowers (Oxford: Oxford University Press, 1965); 3rd edition, R. W. Burchfield (Oxford: Oxford University Press, 1996); 4th edition, Jeremy

Butterfield (Oxford: Oxford University Press, 2015).

N. M. Gwynne, *Gwynne's Grammar: The Ultimate Introduction to Grammar and the Writing of Good English* (London: Ebury Press, 2013).

N. M. Gwynne, *Gwynne's Latin: The Ultimate Introduction to Latin* (London: Ebury Press, 2014).

Simon Heffer, *Strictly English: The Correct Way to Write . . . and Why it Matters* (London: Windmill, 2011).

Henry Hitchings, *Dr Johnson's Dictionary: The Extraordinary Story of the Book that Defined the World* (London: John Murray, 2005).

Henry Hitchings, *The Secret Life of Words: How English Became English* (London: John Murray, 2008).

Henry Hitchings, *The Language Wars: A History of Proper English* (London: John Murray, 2011).

John Honey, *Does Accent Matter? The Pygmalion Factor* (London: Faber, 1989).

Simon Horobin, *Does Spelling Matter?* (Oxford: Oxford University Press, 2013).

Keith Houston, *Shady Characters: Ampersands, Interrobangs and other Typographical Curiosities* (London: Particular Books, 2013).

Seth Lerer, *Inventing English: A Portable History of the Language* (New York: Columbia University Press, 2007).

Tim William Machan, *Language Anxiety: Conflict and Change in the History of English* (Oxford: Oxford University Press, 2009).

David Marsh, *For Who the Bell Tolls: One Man's Quest for Grammatical Perfection* (London: Guardian and Faber, 2013).

Tom McArthur, *The English Languages* (Cambridge: Cambridge University Press, 1998).

James Milroy and Lesley Milroy, *Authority in Language: Investigating Standard English*, 4th edition (London: Routledge, 2012).

Lynda Mugglestone, *Talking Proper: The Rise of Accent as Social Symbol*, 2nd edition (Oxford: Oxford University Press, 2003).

Lynda Mugglestone, *Dictionaries: A Very Short Introduction* (Oxford: Oxford University Press, 2011).

George Orwell, *Politics and the English Language* (London: Penguin, 2013).

Ammon Shea, *Bad English: A History of Linguistic Aggravation* (New York: Penguin, 2014).

Ishtla Singh, *Pidgins and Creoles: An Introduction* (London: Routledge, 2000).

Peter Trudgill, *Sociolinguistics: An Introduction to Language and Society*, 4th edition (London: Penguin, 2000).

Lynne Truss, *Eats, Shoots & Leaves: The Zero Tolerance Approach to Punctuation*

(London: Profile, 2003).

Clive Upton and John Widdowson, *Survey of English Dialects: The Dictionary and Grammar* (London: Routledge, 1994).

Clive Upton and John Widdowson, *An Atlas of English Dialects* (Oxford: Oxford University Press, 1996; revised edition, 2006).

온라인 자료

BBC Voices Project: <http://www.bbc.co.uk/voices/>

British Library Sounds: Accents and dialects: <http://sounds.bl.uk/Accents-and-dialects>

Dictionary of American Regional English: <http://www.daredictionary.com>

Oxford English Dictionary: <http://www.oed.com>

옮긴이의 말

영어는 오늘날 전 세계적으로 사용되는 7,000여 개 언어 중 하나이지만, 그 중요성은 단순히 7,000분의 1에 머물지 않는다. 국제 무역을 위해서 서로 다른 언어권 출신의 이해 당사자들이 연락을 주고받을 때 사용하는 주요 소통 수단이고, 인터넷에서는 많은 값진 정보들이 전 세계인을 대상으로 올려지고 전달될 때 사용되는 주요 문자 매체이다. 심지어 우리나라 KBS 1 TV 뉴스 화면의 하단부 자막에서도 코로나19 감염 예방 정책에 대한 긴급 정보가 영어로 제공되는 것을 바라보며 영어의 위력을 다시 느낀다.

영어는 언제 어떻게 시작되었으며, 어떤 과정을 거쳐 오늘의 위상에 이르게 되었고, 또 앞으로 어떻게 될까? 독일어나 프랑스어, 또는 라틴어나 그리스어 등과는 어떤 관계라고 이해해야 할까? 미국 영어는 어떻게 해서 영국 영어와 다른 특징들을 가지게 되었을까? 이런 질문들은 영어에 조금이라도 관심이 있는 사람들이라면 한 번쯤은 해보았을 법한 매우 유의미하면서도 자연스러운 질문들이다.

그러나 애석하게도 초등학교 3학년부터 (또는 연령대에 따라서는 중학교 1학년부터) 영어 공교육을 받아온 많은 우리나라 영어 학습자들은 영어 철자와 발음을 익히고, 단어와 숙어를 암기하고, 복잡한 문법 규칙을 반복해서 학습하고, 시험 문제 풀이에 대부분의 시간을 쏟지만, 정작 위와 같은 좀더 근본적인 질문들을 숙고할 기회는 박탈당한 듯하다. 아니면 최소한, 나 자신을 돌아보건대, 가끔 그런 질문을 가져봤지만 답을 어디서 어떻게 찾아야 할지 몰라 어쩔 수 없이 호기심을 억누르며, 당장 눈앞에 닥친 영어 시험 점수 향상에 집중해왔는지 모른다.

사이먼 호로빈 교수의 『영어의 세계 : 짧게 보는 영어의 과거, 현재, 미래』는 영어 학습자뿐만 아니라 많은 일반인들이 상식적인 차원에서 가질 수 있는 영어에 대한 다양한 의문점들을 정리해주고, 그에 대한 저자의 견해와 직접적, 간접적인 배경 정보를 비교적 간단명료하게 제공한다. 음소, 형태소, 성분 분석, 수형도 등 매우 전문적인 개념들로 가득 찬 기존의 언어학 개론 또는 영어학 개론 서적들과는 사뭇 다른 방식으로 영어라는 언어와 관련된 다양한 시각을 깊이 이해할 수 있게 해주는 것이 이 책의 특징이다.

이 책을 통해서 한국의 많은 독자들이 영어를 단순한 암기 학습의 대상으로 가둬놓기보다는 일종의 역사적, 문화적, 사회적 산물로, 좀더 거시적으로는 인문학적 성찰의 대상으로 바라볼 수 있기를 바란다. 아울러 영어를 둘러싼 다양한 논쟁을 깊이 이해하고에 대한 이해를 심화시키고, 나아가 그런 이해를 바탕으로 자신만의 영어 학습 전략을 세워갈 수 있다면 이 책을 번역한 가장 큰 보람이 될 것이다.

이 책이 우리말 번역본으로 활자화되어 나오기까지 시간과 노력을 아끼지 않고 교정과 편집에 힘써주신 까치글방 편집진께 깊은 감사의 마음을 전한다. 맨 처음 출판사에 넘긴 초고와 이 최종본의 가독성을 비교해보면 가히 밤과 낮이라고 해도 지나침이 없다. 초고의 엉성함과 어눌함이 이렇듯 품위 있게 가려진 것은 모두 편집진의 덕이다.

2022년 7월 25일

홍민표

인명 색인